华夏科坛大先生

两院院士故事精选

本书编写组 编

上海科学技术出版社

图书在版编目（CIP）数据

华夏科坛大先生：两院院士故事精选 / 本书编写组编． -- 上海：上海科学技术出版社，2024．9． -- ISBN 978-7-5478-6788-4

Ⅰ．K826.1-49

中国国家版本馆CIP数据核字第2024PY4513号

华夏科坛大先生
——两院院士故事精选

本书编写组　编

上海世纪出版(集团)有限公司
上海科学技术出版社　出版、发行
(上海市闵行区号景路159弄A座9F-10F)
邮政编码201101　　www.sstp.cn
上海展强印刷有限公司印刷
开本787×1092　1/16　印张 12.5
字数：200千字
2024年9月第1版　2024年9月第1次印刷
ISBN 978-7-5478-6788-4/N·279
定价：68.00元

本书如有缺页、错装或坏损等严重质量问题，请向工厂联系调换电话：021-66366565

序

中华民族有着悠久的历史和灿烂的文化，我们的祖先以智慧和勤劳创造了无数令世界瞩目的成就，为人类文明进步做出了巨大贡献。由于种种原因，进入近代以后，中国科技大幅落后于世界，但是，中国科学家没有停止探索的脚步，他们以不屈不挠的精神攀登科学高峰，用智慧和汗水谱写了一曲曲壮丽的科学之歌，为中华民族的伟大复兴注入了源源不断的动力。

中国历史最悠久的综合性科普期刊《科学画报》近年来陆续介绍了100多位中国科学家的感人事迹，上海科学技术出版社精选了其中30位中国科学院院士和中国工程院院士的故事，汇编成这本《华夏科坛大先生——两院院士故事精选》。做"大先生"是习近平总书记对新时代教师提出的要求，他强调大先生是"学生为学、为事、为人的示范"。两院院士是中国科学家的杰出代表，他们学识渊博、品德高尚，是"社会尊重的楷模""世人效法的榜样"，是奋战在科研战线的大先生。

本书分为四章：

第一章《为新中国科技奠基》中，我们可以看到在新中国刚刚成立、百废待兴的年代，老一辈科学家如何凭借坚定的信念和不懈的努力，为国家的科技事业打下坚实的基础。他们面对的不仅仅是科研上的难题，还有来自外部的压力和挑战。正是他们的坚忍不拔和无私奉献，让新中国的科技事业得以蓬勃发展。

第二章《推动中国科技赶超世界》展现了我国科学家在面对国际科技竞争时，如何迎难而上、奋发有为。他们通过锲而不舍的探索和敢为人先的创新，让我国的科技水平不断提升，在多个领域实现了从跟跑到并跑乃至领跑的跨越。

第三章《为祖国筑起钢铁长城》聚焦我国科学家在国防领域的杰出贡献。从"两弹一星"到导弹驱逐舰,从等模块装药到新体制雷达,他们淡泊名利,潜心科研,为祖国筑起了一道道坚不可摧的钢铁长城,为人民带来了和平与安宁。

第四章《为人民创造美好生活》着重描绘我国科学家如何通过自己的科研成果改善人民的生活质量,让科技真正造福于民。他们心怀大爱,不畏艰难,赋予科技澎湃的力量和暖心的温度,让每个人都能享受到安全、便捷、健康、舒适的生活。

30个故事展现了院士们不同的人生轨迹、科学成就和精神世界,每一位院士都用自己的实际行动诠释着科学报国的精神。他们深知,科技是国家强盛的基石,是民族振兴的翅膀。因此,他们毅然选择了科学这条道路,将智慧和才华,甚至生命都奉献给了祖国的科技事业。以院士为代表的一代又一代中国科学家接力奋斗,推动了国家的科技进步,提升了国家的综合国力,让中国科学在国际舞台上从崭露头角到崛起于世界东方。当今世界正经历百年未有之大变局,面对挑战与机遇并存的新形势,我们更加需要依靠科技创新来引领未来发展。本书所展现的院士们的精神风貌和人生态度,无疑将为我们未来的科技创新之路提供强大的精神动力和智慧支持。

青少年正处于成长的关键时期,也是塑造自己价值观和人生观的重要时期。我希望你们在阅读这些院士的故事时,能够深刻体会到科学的魅力;希望你们能够保持对科学的好奇心和探索精神,努力学习科学知识,培养自己的科学素养和创新能力。同时,我也希望你们能够体悟院士们的科学家精神和爱国情怀;希望你们能够从中汲取前进的力量和勇气,为自己的人生之路点亮一盏盏明灯。

少年智则国智。愿每一个阅读这本书的青少年都能够以"华夏科坛大先生"为榜样,将个人的理想与国家的发展紧密结合起来,为实现科技强国的梦想而努力奋斗。

目录

第一章 — 为新中国科技奠基 —————————————— 001

　　王家楫　显微镜下谱春秋 ———————————— 003
　　赵忠尧　做一点于国家民族有益的事 ——————— 009
　　贝时璋　用自己的生命研究生命科学 ——————— 015
　　吴浩青　成果浩海上　育苗青天下 ——————— 021
　　卢鹤绂　第一个揭露原子弹秘密的人 ——————— 028
　　杨　槱　为了心中的造船强国梦 ————————— 034
　　应崇福　我的祖国急需服务 —————————— 041
　　徐光宪　永远解不开的稀土情结 ————————— 047

第二章 — 推动中国科技赶超世界 —————————— 053

　　吴孟超　手术室是我一辈子的战场 ———————— 055
　　王振义　让癌细胞"改邪归正" ————————— 062
　　徐元森　三次跨越，急国家之所急 ———————— 068
　　王大中　为中国核能事业不懈创新 ———————— 074
　　曾庆存　踏上气象科学最高峰 ————————— 080
　　汪品先　追梦"蓝色国土" ——————————— 086
　　杨雄里　在脑科学领域上下求索 ————————— 092
　　林尊琪　"神光"赤子 ————————————— 099
　　褚君浩　在红外物理前沿积累创新 ———————— 105

第三章 — 为祖国筑起钢铁长城 — 111

钱三强　中国"两弹"工程中的伯乐 — 113

程开甲　隐姓埋名的中国"核司令" — 119

邓稼先　许身中华的"两弹"元勋 — 125

潘镜芙　为中国舰艇现代化呕心沥血 — 131

王泽山　破解火炸药世界难题 — 137

刘永坦　给雷达装上"火眼金睛" — 143

钱七虎　毕生铸盾为报国 — 149

第四章 — 为人民创造美好生活 — 155

袁隆平　拯救饥饿 — 157

秦裕琨　为能源事业激情燃烧 — 163

蔡鹤皋　做中国自己的机器人 — 170

徐芑南　龙宫探宝有"蛟龙" — 176

钟南山　敢医敢言的逆行者 — 182

管华诗　打造中国的"蓝色药库" — 187

第一章 为新中国科技奠基

- 王家楫患有严重的白内障和1 200度近视,但他仍然顽强地工作,为完成珠穆朗玛峰地区科学考察做出了贡献。

- 赵忠尧将盛有镭的铅筒置入咸菜坛子中,历时一个多月,从北京走到长沙,保住了中国高能物理研究的希望之火。

- 就在逝世的前一天,贝时璋还召集了研究人员一起讨论问题,语重心长地鼓励大家"要为国家争气"。

- 吴浩青大学毕业时有三份工作可供选择,但急需还清欠债的他,放弃了两个薪水较为丰厚的工作,出人意料地选择了"清水衙门"。

- 卢鹤绂和妻子吴润辉结婚才三天,便放弃美国的优越条件,毅然返回燃烧着抗日烽火的祖国。

- 面对英国各方面的挽留,杨樰做出了一个重大的决定——回国,因为他日思夜想的祖国已经深陷战争的苦难之中。

- 面对陌生的领域,应崇福没有退缩,他知道如果自己不努力去学习,就只能一直给别人打杂。

- 徐光宪的串级萃取理论使中国实现了从稀土资源大国向稀土生产和应用大国的飞跃,迫使国外稀土垄断企业纷纷减产和停产。

王家楫

显微镜下谱春秋

"我们应该让外国人知道,中国的生物资源应该由中国人自己来开采。"

王家楫(1898—1976)

- 中国科学院学部委员(院士)
- 我国原生动物学的开创人和轮虫学的奠基者。1950年出任中国科学院水生生物研究所首任所长。

中国原生动物学的开拓者

王家楫1898年出生于江苏省奉贤县(今上海奉贤)的一个书香之家。父亲王渭是清末举人,曾任奉贤县沙地局局长,兼任肇文书院校长和同善堂董事。王渭深虑"国势孱弱",寄望读书人"学以经世",以报效国家、造福桑梓。父亲的开拓精神、严谨作风和对新生事物的开明态度,对王家楫一生的成长有很大的影响。

王家楫6岁开蒙,1917年考入南京高等师范学校,受教于我国近代动物学泰斗秉志先生。王家楫对秉志先生极其崇敬,曾回忆说:"在他(秉志)身上,每句话和每个动作都代表了一种尊严。"

在秉志先生指导下,王家楫系统学习达尔文的物种起源与进化理论。通过显微镜,他认识了蛋白质等生物大分子和千奇百怪的微小生物,窥见了自然界生命的绚丽多姿。他如饥似渴地汲取书本上和自然界展现在他面前的生命发展进化的知识,尤其关注原生动物,因为在这个生物家族中,他看到了远古动物和植物的共同祖先的痕迹。

王家楫广泛搜集有关原生动物的文献,当他发现我国的原生动物研究完全空白时,就立志为此奉献一生。1925年,他在我国的刊物上首次发表原生动物研究论文《南京原生动物之研究》,由此在学术界崭露头角,这标志着我国原生动物学研究的开端。

1925年王家楫赴美国留学,除了完成白化鼠、灰鼠视神经与性别退化方面的研究外,他利用每个假

王家楫(右)与助手讨论工作

期自费到伍兹霍尔海洋生物实验室采集海洋原生动物标本并开展研究。1928年,他完成博士论文《淡水池塘原生动物季节分布的生态学研究》。

王家楫曾谦虚地说:"我最早从事原生动物生态学调查,它的价值也许很小,但总是一个新的尝试。"30年后,美国博士生斯图尔特·班福德在王家楫研究过的池塘做了研究后,所得结果与他当年的结果有着惊人的相似。原生动物群落结构维持30年稳态的调控机理是什么?这个问题给生物学家以极大的启示,也提出了新的方向,同时使人们重新认识到王家楫的开创性研究的重要价值。

由于王家楫勤奋努力,一篇篇有关原生动物分类、生理、生态的论文连续在美国权威性的学术刊物《科学》《形态学与生理学》《动物生理学》上发表,引起美国生物学界的重视,奠定了他在原生动物学界的地位。美国耶鲁大学动物系特邀他为斯特林研究员。

1929年回国后,王家楫开展生物科学考察,4年里考察足迹北到齐鲁,南抵闽粤,西迄川康,东濒海疆,对江浙、皖赣的调查尤为详尽,率先取得了我国原生动物学研究的第一手资料,并发现了许多海洋与淡水原生动物新属种。在此期间,王家楫发表论文12篇,为深入开展我国原生动物区系调查奠定了基础。

1950年,王家楫发表论文《壁累枝虫之纤维系统》。他采用蛋白银染色法,最先发现缘毛类纤毛虫虽然虫体纤毛退化,但膜下纤维系统仍然存在。这对研究原生动物的系统发育具有重要意义。

20世纪70年代,王家楫克服患有严重的白内障和1200度近视的困难,仍然顽强地工作,相继完成了《珠穆朗玛峰地区的原生动物》《西藏高原部分地区的原生动物》,共记述了这些地区原生动物400多种,远远超过前人对这些地区原生动物区系的报道,为完成珠穆朗玛峰地区科学考察做出了贡献。

王家楫在原生动物学研究领域成绩卓著,共发现原生动物3个新属、58个新种、4个新变种、8个新亚种,其成就受到国际原生动物学界的极高评价。

王家楫最大的愿望是完成《中国原生动物志》,这是极为浩繁而又需要长期积累的艰巨工作,为此他悉心研究一生。他晚年常感到肠胃阵痛,但不听老伴的劝告,仍坚持每天整理手稿和资料,想争取早日完稿。1976年10月他被诊断为胃癌晚期,12月在湖北武汉逝世。虽然生前未能实现宏愿,但他留下极为珍贵的大量手稿和资料,为这部科学巨著的编写打下了坚实的基础。

中国科学院生物学部原副主任薛攀皋在《水生生物研究所从上海迁武汉50周年有感》中写道:"王老把原生动物学看作比自己的生命还要重要的事,至死不忘为祖国做最后的奉献……让我肃然起敬。"

中国轮虫学的奠基人

王家楫在无脊椎动物学领域研究广泛。他是我国原生动物学的开创者;1960年出版的《中国淡水轮虫志》,表明他也无愧是中国淡水轮虫学的奠基人。

轮虫是一种重要的水生无脊椎动物,是许多经济水生动物的优质食物和开口饵料。王家楫的这本专著首次对分布在我国沼泽、池塘、湖泊及水库内的常见轮虫进行详细的分类和描述。内容包括已观察到的种类252种,分隶于15科、79属,其中有4个新种及2个新族。对自目到属的特征都扼要地加以叙述,并附有检索表。对种的描述特别详细。所有的252种都附有一个或一个以上的图像,共计533个,归纳成27幅图版。对轮虫的亲缘关系以及形态、生理、生态等问题,都做了深入探讨。这项成果获全国科学大会奖和湖北省科学大会奖。

重视为国家建设服务

抗日战争爆发后,时任中央研究院动植物研究所研究员兼所长的王家楫率研究所人员撤离南京,先后迁至湖南、广西、四川。无论环境多么艰苦,生活多么清贫,他始终团结大家克服各种困难,坚持研究工作。

世界著名的生物化学家和科技史学家李约瑟1942年受英国政府委派来到中国,担任中英科学合作馆馆长。1943—1945年,李约瑟访问了中国近300个学术研究机构,陆续写出9篇文章,结集成《战时中国之科学》一书出版。书

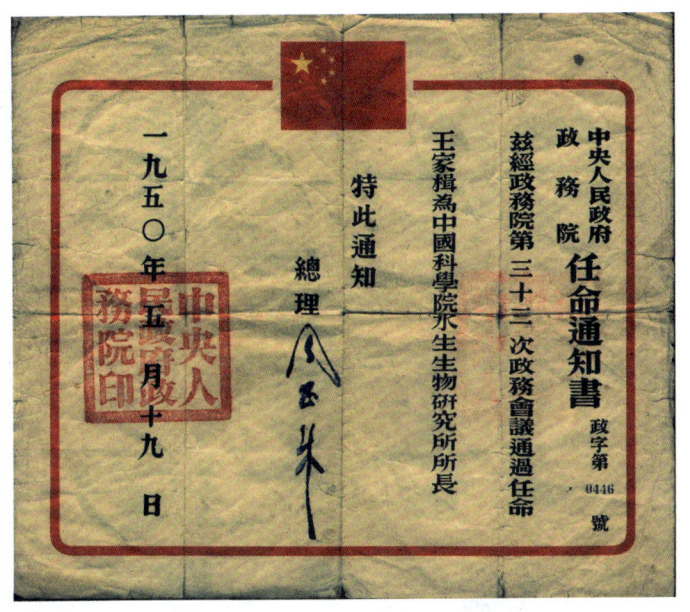

王家楫任命书

中写道:"动植物研究所在王家楫博士领导下,工作甚为紧张,约有 20 位科学工作人员,专心致力于研究。王博士自己是一位著名的原生动物学家,他除任该研究所所长以外,还兼原生动物组组长。参观之人欣羡之余,深觉其具有世界上最优良的实验室之研究空气。"

1944 年,动植物研究所分建为动物研究所和植物研究所,王家楫担任动物研究所所长。1950 年,中国科学院组建水生生物研究所,王家楫出任所长。1954 年,王家楫坚决支持中国科学院领导的决定,把水生生物研究所从上海迁到"千湖之省"湖北省,以利于结合渔业生产和资源利用的实际,更好地开展科学研究。从此,水生生物研究所立足湖北,面向全国,着重围绕淡水水域及水生生物做了多方面的开拓性研究工作,为我国建立与发展淡水生物学、环境生物学和水产养殖学起了推动和先导作用。

随着国家经济建设的发展,大量的工业废水亟待处理。《废水生物处理微型动物图志》应运问世,这是王家楫将原生动物学知识应用于我国环境治理研究的成功尝试。

20 世纪 70 年代,王家楫看到废水处理厂用来识别微型生物的挂图还是美国 30 年代的陈旧图件,感到十分内疚,立即组织无脊椎动物分类研究组深入

水生生物研究所学术委员会第一届委员合影（前排左二为王家楫）

全国 30 多家有废水处理设备的各工业门类的工厂，进行现场调查及显微观察，分析废水中原生动物的种类、数量、生长情况，筛选出 166 个可指示废水类型和质量的种类。为了便于废水处理厂的工程技术人员掌握和运用，研究组对这些种类做了详尽的分类描述和指示作用介绍，绘制详图，并附照片。

该书出版后立即受到广泛欢迎，并被评为优秀图书参加国际书展。这项成果 1978 年获湖北省科学大会奖，1984 年获中国科学院科技进步奖三等奖。

王家楫既接受中国传统文化教育，又得欧风美雨之吹沐；外敌入侵，不忘科学报国，一生奉献，终成学术大家。王家楫不仅是一位杰出的科学家，而且是一位具有组织才能的科学领导人，为推动我国水生生物学的发展做出了重要贡献。这就是我们今天纪念他的理由！

（张晓良）

赵忠尧

做一点于国家民族有益的事

"回想自己一生,经历过许多坎坷,唯一希望的就是祖国繁荣昌盛、科学发达。"

赵忠尧(1902—1998)

- 中国科学院学部委员(院士)
- 中国核物理研究和加速器建造事业的开拓者。在世界上首次发现了正电子的存在,是世界上第一个发现反物质的科学家。主持建成我国第一、第二台质子静电加速器,为在国内建立核物理实验基地做出了重要贡献。

发现正电子

1927年,清华大学助教赵忠尧在学校资助下留学美国加州理工学院,师从密立根教授(1923年诺贝尔物理学奖得主)。密立根经过认真考虑,让赵忠尧做"硬γ射线通过物质时的吸收系数测量"课题。经过一年多的实验研究,赵忠尧发现了很奇特的物理现象:硬γ射线通过轻、重元素时的吸收系数不一致。赵忠尧意识到这是一种新的物理现象,于是把实验成果写成论文,并发表在《美国国家科学院院报》上。

赵忠尧孜孜以求,在科学发现的道路上继续前进。时隔不久,他在新的实验中首次发现:伴随着硬γ射线在重元素物质中的反常吸收,还存在一种特殊辐射。他测出这种特殊辐射的能量为0.5兆电子伏,辐射角的分布大致为各向同性。这时,赵忠尧其实已经打开了发现正电子的大门,他测量到的特殊辐射来自正电子。如果把已经发现的负电子称为物质的话,赵忠尧则是在世界物理学史上第一个发现反物质的物理学家。

赵忠尧的实验结果震动了当时的实验物理学界,很多科学家走上了寻找正电子的科学征程,其中也包括与赵忠尧同为密立根研究生的安德森。1932年9月,安德森采用与赵忠尧不同的仪器,在有磁场的云雾室中观测到了正电子的径迹,并以此成果于1936年获得了诺贝尔物理学奖。安德森的发现是建立在赵忠尧工作的基础上的,这一点连安德森自己也不否认,他在1983年出版的一本著作中公开承认,他的实验受到了赵忠尧实验结果的直接启发。诺贝尔物理学奖获得者杨振宁、李政道等都十分推崇赵忠尧在正电子发现过程中所起到的重要作用。杨振宁曾评价:"赵忠尧先生1930年所发表的两个工作是最早关于正电子的工作,是十分了不起的实验。"

创办铅笔厂

1935年,中国使用的铅笔还完全需要进口。1936年,张大煜、赵忠尧、施

赵忠尧(左)和家人合影

汝为等归国留学生积极投身正在兴起的"工业救国"热潮,决定共同创办一家铅笔厂,实现国货自强的目标。在国家民族的生死存亡之秋,以赵忠尧等为代表的中国知识分子忧思难忘,希望通过自己的点点努力,与社会上的各种救国行动汇成一股民族自强的洪流。赵忠尧曾回忆:"我日夜苦思焦虑,想找出一条立即可以生效的救国道路。我曾尝试了多种途径:科学救国、平民教育、工业救国……尽管碰了不少钉子,但毕竟身体力行,尽了努力,从各个方向试着去做一点于国家民族和老百姓有益的事。"

  赵忠尧等人拿出自己的多年积蓄,并在友人之中筹集资金用以创建铅笔厂。他们从德国进口了制芯机这一关键设备,就在北平(今北京)开始试制铅笔。教化学的张大煜负责试制笔芯,教物理的赵忠尧则亲自和清华大学物理系的技工一起,在实验室里进行笔杆以及成品试制。靠着一腔爱国热情,他们克服了种种困难,拿出了满意的铅笔小样,准备在北平正式生产。然而1937年的北平已经战火遍地,无法建厂,于是他们将工厂南迁至上海,定名为"长城铅笔厂"。为何以"长城"为名?因为长城乃中华民族悠久历史的象征,用长城来代表民族工业,既希望民族工业似长城一样绵延万里、代代相传,亦含抵御外敌入侵之意,以民族品牌来抵制洋货对国内市场的占领。

保护放射源

1937年8月,抗日烽火之中的北平城已经沦陷。清华大学分批次南迁,赵忠尧想起实验室中尚有50毫克放射性实验镭,这是当年剑桥大学卡文迪许实验室主任卢瑟福出于对中国的好意在他学成回国时特别赠送的,也是国际上禁运的最尖端高能物理材料。这是中国高能物理研究的希望之火,不能落到日本人手里。赵忠尧找到有一辆小汽车的梁思成一起冒险返回清华园,在一片狼藉的实验室中寻回盛有镭的铅筒。随后,赵忠尧与梁思成分别,开始了一个人的"长征"。

由于特殊时期找不到更好的防护工具,赵忠尧将铅筒置入咸菜坛子中,抱着咸菜坛子,跟随难民大军千里跋涉,前往清华大学的落脚地——长沙。历时一个多月,赵忠尧从北京走到长沙,胸部磨出了血印,大学教授几乎成为沦落街头的乞丐,其中的辛苦与危险不难想象。当清华大学校长梅贻琦在长沙临时校园门口看到赵忠尧的时候,禁不住为之落泪,他几乎认不出来这位年轻教授了。

中国第一台质子静电加速器

1946年,美国进行了世界上第一次原子弹爆炸试验,赵忠尧作为中国唯一科学家代表受邀参观。他目睹了爆炸的惊人威力,深切感受到,要彻底结束中华民族被列强欺辱的历史,就必须掌握核科技的利剑,而质子静电加速器是必不可少的基石。

由于采购设备的资金不足,赵忠尧只能通过关系采购一些加速器部件来"曲线救国"。他还在麻省理工学院学习静电加速器发电及加速管的制造技术,将买来的原材料加工成国内无法制造的关键零部件,同时利用业余时间协助别人搞科研,以换取有关加速器的技术资料和零部件。

中华人民共和国成立后,赵忠尧决心将自己收集到的加速器零部件运回祖国大陆,尽快建立起中国的核科学体系。但他的回国之路充满坎坷,直到1950年11月28日,在世界科学组织和中国政府的营救下,赵忠尧才终于踏上祖国的土地。

回国后,赵忠尧立即投入创立新中国核物理事业的工作中。1955年,他主持建成了我国第一台质子静电加速器,为推动核物理研究和核物理人才的培养发挥了重要作用。

培养新人才

1958年,中国科学技术大学(简称"中国科大")在北京成立,旨在为我国以"两弹一星"工程为代表的高新技术事业培养人才,赵忠尧任原子核物理与原子核工程系首任系主任。赵忠尧为该系的建设和发展投入了大量的精力,从课程设置到聘请教师,从师资队伍建设到学生的培养,他都提出建议,认真解决问题。他考虑到随着我国原子能方面研究工作的发展,需要较多的专门人才,认为应建立专门的系科。他不仅亲自上台授课,还聘请了严济慈、张文裕、关肇直、朱洪元、彭桓武、彭士禄等著名科学家给学生讲课,同时开设专题讲座,开阔学生视野,跟踪科研前沿。

20世纪60年代,中国科学技术大学师生在教学中使用加速器

赵忠尧还着手加强实验室建设,并使教学实验与科研实验相结合,不断向新的前沿课题发展。建起专业实验室后,他组织开设了β谱仪、气泡室、γ共振散射、穆斯堡尔效应、核反应等涉及先进设备、先进理论和先进领域的实验课,让学生参与实验室建设及教师的科研工作。为了解决教学实验设备不足问题,他提议中国科学院各研究所的设备可以与中国科大联合使用。

针对学生课业繁重的问题,赵忠尧提出课程内容要适当精简,并适当增加讲座教学的内容,以提高学生对学科前沿研究领域的认识。赵忠尧的这些做法既实事求是,又富有成效,中国科大原子核物理与原子核工程系培养了一大批高素质的专门人才。

中国的脊梁

赵忠尧的一生是追求科学发达、民族昌盛的一生。他探索真理,在世界上第一次发现反物质——正电子;他教书育人,从东南大学、清华大学、西南联大、中央大学到中国科大,培养出大批物理学人才;他为国请命,主持建成我国第一台、第二台质子静电加速器;他热心实业,参与创办民族工业企业——长城铅笔厂,襄助实业救国。

鲁迅先生说过:"我们从古以来,就有埋头苦干的人,有拼命硬干的人,有为民请命的人,有舍身求法的人……这就是中国的脊梁!"从整体上看,赵忠尧一生埋首于科学研究、教书育人,称之为埋头苦干的人当之无愧;但在特定的历史条件下,赵忠尧也有拼命硬干的大勇。

斯为中国的脊梁。

(方黑虎)

贝时璋

用自己的生命研究生命科学

"一个真正的科学家,是忠于科学、热爱科学的。他热爱科学,不是为名为利,而是求知识、爱真理,为国家做贡献,为人民谋福利。"

贝时璋(1903—2009)

- 中国科学院学部委员(院士)
- 中国生物物理学的奠基人和开拓者,创立了"细胞重建学说",为中国生命科学和载人航天事业做出杰出贡献。

家世与求学

1903年10月10日,贝时璋出生于浙江省镇海县(现属于宁波市)一个靠近海边的小镇。他的父亲当过学徒、店员,靠自己刻苦努力,自学读书、写字和珠算,后来到汉口开小店,最后在德国商人开办的洋行当了一名账房先生。他的母亲是普通家庭妇女,持家勤劳节俭,待人宽容厚道。贝时璋从出生到12岁一直在母亲身边,深受慈母养育教诲之恩。遗憾的是,他的母亲一生都没有照过相,但是,母亲的音容笑貌永远铭刻在贝时璋的心上。

贝时璋12岁时,随父亲到汉口,进了德国人办的一所中学德华学校。1918年,15岁的贝时璋在旧书摊上买到一本德国化学家费歇尔著的《蛋白体》。这是一本描述蛋白质结构和组成的通俗浅显的书,贝时璋读得很有兴趣,由此对与生命有关的科目发生了兴趣。1919年,贝时璋考入也是德国人办的上海同济医工专门学校(同济大学前身)医学预科。由于是外国人办的学校,德华学校和同济医工专门学校的学费一向很高,而贝时璋的家境又不富裕,每逢开学总是一道难关。但是,对于贝时璋上学这件事,他的父母亲全力支持,总是竭尽所能、想方设法筹足经费。

1921年,贝时璋从同济医工专门学校医学预科毕业。在求学道路上,他一路"小跑",连连跳级,以四年小学、四年半中学和两年预科,共十年半时间拿到了大学预科文凭。1921年,贝时璋赴德国留学,先后在弗莱堡大学、慕尼黑大学和图宾根大学主修动物学。1928年,贝时璋获得图宾根大学博士学位,并留校任教。

建立细胞重建学说

1929年,贝时璋返回祖国。1930年,他受聘于浙江大学,创建生物学系并任系主任。1932年春,贝时璋在杭州采集到一种性别异常的甲壳类动物南京丰年虫,它们非雌非雄,亦雌亦雄,是一种"中间性"。贝时璋研究发现,中间性

贝时璋讲解生物知识

丰年虫会进行性的转变,转变成雌性或雄性,在其性转变过程中生殖细胞会发生奇异的变化,即细胞解体和细胞重建。1934年,他在生物系的一次讨论会上作了报告,提出了细胞重建的假说:细胞重建是与细胞分裂并存的另外一种细胞繁殖增生方式;只要存在组成细胞的物质基础,具备合适的环境条件,都可能发生细胞核重建和细胞重建。

在此之前,"细胞分裂是细胞繁殖的唯一途径"的观念早已深入人心,贝时璋的"细胞重建学说"对这一生物学金科玉律提出了挑战。他发表了《丰年虫中间性生殖细胞的转变》等论文,可惜由于抗日战争爆发,他未能深入研究下去。尽管如此,贝时璋的内心却时时刻刻牵挂着细胞重建的研究。

1970年,贝时璋在中国科学院生物物理研究所建立了一个研究组,重新开始研究细胞重建现象。不过,生物学界对这项研究有一些争议,有人甚至写信给贝时璋,劝他不要再研究这个课题。旁人的质疑和不理解让贝时璋非常痛苦,可他没有放弃。经过十多年艰苦的工作,他带领研究组做出了一系列重要发现。例如,他们证明:细胞重建是自然界中的普遍现象,真核细胞和原核细胞、生殖细胞和体细胞都能重建;作为细胞重建的物质基础之一的卵黄颗粒中存在染色质、DNA组蛋白等生命物质。1988年和2003年,《细胞重建》论文集第一、第二集相继出版,"细胞重建学说"取得了进一步的发展。

细胞重建是贝时璋最重要的研究工作,他坚信细胞重建对于解释生命起源具有重要意义:"可以想见,在地球的发展过程中,总会有那么一个时期,生命由比较原始的非细胞形态进化为细胞形态……通过对细胞重建的深入研究,弄清细胞一步一步地自组织的过程,就能对地球上细胞怎样起源、怎样发展等问题有所理解,进而对它进行模拟。"

从20世纪30年代初发现细胞重建现象,到20世纪80年代总结出系统完整的"细胞重建学说",贝时璋用了半个世纪的时间。他说:"我用自己的生命研究生命科学,不久以后,简单的生命将在实验室合成。那时,生命与无生命之间的界限也不再是固定不变的了。"

奠基中国生物物理学

贝时璋一向重视学科之间的交叉渗透。在德国留学期间,他不但学习生物学课程,还学习物理学、化学、地质学、古生物学等课程,又自学了一些数学知识。贝时璋很早就洞察到物理学和生物学相互渗透的大趋势,并且有意识地组织物理学家、化学家和数学家合作共事,把物理学的思想、方法和概念运用到生命科学研究中。1958年,在贝时璋的主持下,中国科学院生物物理研究所成立,成为当时世界上少数几个生物物理学专业研究机构之一,这也标志着

贝时璋(左二)指导青年人做实验

生物物理学作为一门独立的学科在中国正式确立。

1958年至1983年，贝时璋担任生物物理研究所所长25年。在贝时璋指导下，该所的科技人员不畏艰险，参加了核爆炸现场动物实验，并进行了长期辐射效应研究和小剂量照射动物实验，制定出我国辐射安全标准。在国际航天事业刚刚起步之际，贝时璋又高瞻远瞩地创立了宇宙生物学实验室，成功完成了我国第一批生物火箭的动物搭载实验，为我国载人航天事业奠定了基础。

在创建生物物理研究所的同时，贝时璋1958年在中国科技大学建立了生物物理系并任系主任，1980年又领导成立了中国生物物理学会并出任首任理事长。贝时璋在我国生物物理学发展的不同时期都适时地提出了指导性意见和重要的发展方向与研究课题，成为中国生物物理学的奠基人和开拓者。

永不退休的科学家

鉴于贝时璋长期工作在科研第一线且贡献卓著，他的母校德国图宾根大学又于1978年、1988年、2003年和2008年4次授予他荣誉博士证书。因此，他拥有德国图宾根大学授予的5张博士学位证书。2003年，国际小行星中心和国际小行星命名委员会正式批准，将中国国家天文台于1996年发现的国际永久编号第36015号小行星命名为"贝时璋星"。

贝时璋曾说："一个真正的科学家，是忠于科学、热爱科学的。他热爱科学，不是为名为利，而是求知识、爱真理，为国家做贡献，为人民谋福利。"他一个多世纪的人生历程，正是对自己人生目标的生动诠释。

贝时璋院士是一位永不退休的杰出科学家。进

百岁的贝时璋在工作（2003年）

贝时璋(左)与时任中国科学院生物物理研究所所长徐涛

入百岁高龄后,他依然思维敏捷、精神矍铄,时刻牵挂着国家的昌盛和科学的发展。2009年度诺贝尔奖公布之后,贝时璋心情很不平静。他陷入了对我国科学创新问题的深刻思考之中。就在他逝世的前一天,贝时璋还召集了6位研究人员一起讨论在已有的创新课题基础上继续努力工作的问题,并语重心长地鼓励大家,"我们要为国家争气"。在场的研究人员无不深受感动和鼓舞。

贝时璋院士用最后的生命气息喊出的肺腑之言"要为国家争气",是他留给后人的谆谆嘱托,是他对国家科学发展的热切希望。

(中国科学院生物物理研究所)

吴浩青

成果浩海上　育苗青天下

"只要是国家急需的科研项目,我们都会毫无保留,全力以赴。"

吴浩青(1914—2010)

- 中国科学院学部委员(院士)
- 中国电化学研究的开拓者之一,被誉为"锂离子电池之父"。

吴浩青先生是我的恩师，我是他带出来的博士。吴先生的一生都奉献给了对科学的追求和对后辈的培养，取得了丰硕的成果，"成果浩海上，育苗青天下"这句诗正是他精彩人生的真实写照。

求学艰辛，从未放弃

吴先生1914年出生于江苏省宜兴县（今宜兴市）丁蜀镇小圩村。他4岁时父亲就因病去世，靠母亲抚养长大，9岁读小学时母亲得血吸虫病，为治病不得不典田抵债。艰苦的条件使得吴先生在学校备受嘲讽和冷落，在宜兴县中学读书的时候，县城富家子弟满口"乡下人"的叫喊取乐一直缠绕着他。外界恶劣的环境使得吴先生更加珍惜读书的机会。他付出了加倍的努力，最终凭借学业的出类拔萃令大家折服。年幼的他也认识到，要想出人头地、不被人歧视，就必须扎实地学真本事。

吴浩青在实验室工作（1996年）

1931年，吴先生顺利考入了浙江大学化学系。大学期间他表现优秀，但家境仍然十分困难。他得到了高年级同乡的资助，并在导师周厚复的帮助下申请了半工半读，任浙江大学化学系兼职助教，终于完成了学业。

吴先生的求学之路充满艰辛，但他从没有一刻放弃，反而在逆境中激发出了更坚定的信念，取得了优秀的成绩，为以后的科研之路打下了坚实的基础；更重要的是，锻炼了自己的意志，在日后攀登科学高峰的道路上永远不会失去勇气。

科学报国，何等快乐

1935年7月，吴先生从浙江大学化学系毕业，当时有三份工作可供选择：一是浙江大学助教，二是扬州中学教员，三是竺桥防空学校教官。后两个工作薪水较为丰厚，急需还清欠债的他，却出人意料地选择了"清水衙门"。他这样解释自己的选择："当时，钱对我来说是多么急需的！但这毕竟非我孜孜以求的初衷。自从懂事起我就立志要做一个大学教授，一面教书，一面从事研究工作，为国家做点有益的事，何等快乐！这是我追求的生活。虽然三个工作都能传授我所学知识，但后两个只能完成我一半愿望，缺少继续研究的条件，而助教工作可满足我毕生的抱负。"

可见，吴先生对科研的追求一方面是自己的兴趣所在，另一方面也是希望

吴浩青（右二）与同事在匈牙利布达佩斯留影（1978年）

为国家做贡献。这也决定了他的研究大多是从实际出发,是一位应用科学家。他急国家所急,想国家所想,做的很多科研项目都是当时国家经济建设所急需的,并取得了丰硕的成果。

锑是我国四大丰产元素之一,但我国对锑的开发利用工作比较薄弱。1957年,吴先生选定与我国国民经济发展直接相关的这一课题,对锑元素的电化学性质开展了系统的研究。当时国际上关于锑的零电荷电势没有明确的统一说法,他设计实验,确定了锑的零电荷电势值为 0.19 ± 0.02 伏。这一结果于1963年发表在《化学学报》上,得到世界的公认,并被载入国外电化学专著。此后,吴先生继续系统地研究了锑的电化学行为,促进了我国丰产元素锑的开发利用。

"我们这一切都是为国家考虑,希望能将它运用于生产。当时我们还做了很多有关国民经济和国防建设的其他研究,即使有些是无名无利的,我们也毫不犹豫地承担下来。只要是国家急需的科研项目,我们都会毫无保留,全力以赴。"吴先生这么说,他也确实是这么做的。

1965年,上海长宁蓄电池厂研制储备电池,委托吴先生研究氟硅酸的电导率与百分浓度的关系。有人认为这是无名无利的课题,吴先生却不顾工作繁忙,毅然承担下来,亲自动手,夜以继日,在短时间内就完成了这一课题。现在储备电池生产上仍采用他当年提供的最高电导率的溶液。

1966—1968年,吴先生接受委托研制海水电化学引信。这一工作后来因为"文革"中断,他完成的报告却保存了下来,成为20世纪90年代研制"海水电池"的基础,现已用于海军装备。1974年,他接受了为解放军某部队研制反坦克地雷电池的任务。1976年,他参加了国家768工程科研项目"数字地震倾斜仪"的研制。1978—1980年,他完成了飞行平台上用的电导液的研究,其成果获得国防科委科技成果奖。

20世纪80年代,已进入古稀之年的吴先生又投入锂电池的研究中。他提出了锂离子电池的嵌入反应机理,这一与前人完全不同的观点在1984年发表后,受到国内外同行的重视。1987年,吴先生凭借高度的科学敏感度开始锂离子电池的锡基负极材料的研究,并发表论文,比同领域日本学者在美国《科学》杂志上发表的文章早了10年。吴先生发表关于锂电池的研究论文60余篇,获国家发明专利4项。有人将吴先生誉为"锂电池之父",他却表示,全世界探索锂电池的不止他一个,他愧不敢当。

教书育人,青出于蓝

除了在科研方面的辉煌成就,吴先生还是一位成功的化学教育家。与学生为伴、以实验为乐,是他的乐趣所在。他曾说:"我深感自己责任重大,希望一代代青年学生能青出于蓝而胜于蓝。因此,我将全部精力都扑在教学工作上。"

吴浩青在复旦大学做学术报告(1994年)

吴先生对学生在学业上的严格要求是出了名的。有一个广为流传的故事:一次考试中,吴先生给一个学生评了59.8分,让他再补考。可能有的人认为这样严格不近情理,但吴先生说:"几十年来,我对学生一直严格要求,因为只有这样才是真正关爱学生,才能让他们成才。"吴先生确实是一位优秀的老师,他培养的学生不少已经成为教授、总工程师、研究所所长、系主任,有4位还是中国科学院院士。

2004年,吴先生90岁生日,学生们自发赶来贺寿。他由衷地说:"回想自己走过的90个春秋,从没浪费时光,一直认真读书做事,而且在教育界和科技界有很多学生,我非常开心!"到了人生的最后岁月,他还念念不忘对学生后辈的关怀与培养。在他95岁生辰时,他捐献了个人积蓄,在复旦大学化学系设立"吴浩青奖学金",以鼓励在电化学领域奋斗的优秀青年学生。

我至今记得,毕业留校任教的那个夏天,我对着四壁空空的教师宿舍一筹莫展,年届八旬的吴老提着重重的盒子,在大太阳下走了两站路来到我面前。他送来的,是一套八件精致的青花瓷茶具,更是老师对学生、长者对年轻人的期许和支撑。

2010年,吴先生带着对科研、对学生的无比眷念离开了人世,留下了一笔宝贵的精神财富——对科学的钻研精神,严谨的治学态度,为国家奉献、不求回报、淡泊名利的作风……他生前常对学生引用一句话:"世界是你们的,也是我们的,但归根结底是你们的。"他走了,他的事业、他的精神将通过学生们一代一代传承下去。

(余爱水)

院士微讲坛

绿色化学电源——锂离子电池

使用无毒、无公害的电极材料、电解液和隔膜制造对环境无污染的电池(Environmentally Friendly Battery)是当前电池行业的重大变革,否则在电池需求量逐步增加、产量逐步扩大的同时,电池行业将带来越来越多的公害,污染生态环境,危害人体健康。国际上对此十分重视,美国在1991年由两个政府机构(美国能源部和电力研究所)和三大汽车公司(通用、福特和克莱斯勒)组成的"美国高能电池协会",以及日本由政府和公司共同拟订的合作研究电池的"新阳光计划",对锂离子电池的研究和开发做出了重要贡献。

最初的再充式锂电池用金属锂作负极,锂在二氧化锰中的嵌合物为正极,有机溶剂和高氯酸锂的溶液为电解液,聚丙烯毡为隔膜。1978—1979年研究用锂的嵌合物代替金属锂做负极。1983年第一次提出用锂-碳嵌合物做电池的负极。1990年提出了锂离子电池的工业开发问题。从此以后，许多国家的科研单位和产业部门都纷纷开展研究。到目前为止，用于移动电话、笔记本电脑等的小型锂离子电池已商品化，但汽车动力电池尚未能替代内燃机以生产零排放的汽车，这有望在21世纪完成。

我国有丰富的锂资源和天然石墨矿，开发锂电池有资源优势，而在技术上应急起直追。我国研究锂电池有相当长的历史，已有一定基础。关键要在现有的基础上努力创新，有自己的专利，走自己的技术路线。希望在21世纪初能研制出不仅是先进的，而且是绿色的动力用锂离子电池。让我们牢记："一个没有创新能力的民族，难以屹立于世界先进民族之林。"

（节选自吴浩青著《绿色化学能源——锂离子电池》，原文收录于《院士展望二十一世纪》，上海科学技术出版社，1999年。）

卢鹤绂

第一个揭露原子弹秘密的人

"我的研究成绩若不能为我的祖国所用,对于我来说也是没有意义的。"

卢鹤绂(1914—1997)

- 中国科学院学部委员(院士)
- 被誉为"中国核能之父"。他在世界上首次精确测得锂同位素锂-7及锂-6的丰度比;首次公开发表论文诠释原子弹的机理,被称为"第一个揭露原子弹秘密的人"。

中国人在称原子质量

1936年,卢鹤绂从燕京大学毕业,赴美国明尼苏达大学攻读近代物理和原子物理。他像蚂蚁啃骨头一样,整整花了一年时间,亲自动手制造了一台180°聚焦型质谱仪,并用这台质谱仪发现了热离子发射的同位素效应。他还采用自己发明的新方法,在世界上第一次精确测得锂同位素锂-7及锂-6的丰度比。当时美国一家报纸报道了此事,并在头版位置标出"中国人在称原子质量"。卢鹤绂测定的数值被定为国际同位素表上的准确值,沿用了50多年。

卢鹤绂获得博士学位时留影

卢鹤绂又研制了新型60°聚焦高强度质谱仪,有效地用于制备硼-11和硼-10核反应用靶。他写出了题为"新型高强度质谱仪在分离硼同位素上的应用"的高质量的毕业论文,于1941年获得博士学位,是年27岁。实践得出的真知,完全显示于论文的字里行间。这篇论文被美国列为制造原子弹和核反应堆的绝密资料,禁止公开发表,数年后论文摘要才得以刊出。

美国5年的深造,奠定了这位睿智而勤奋的年轻博士向物理学科前沿开拓的科学基础。1941年秋,卢鹤绂和妻子吴润辉结婚才三天,便放弃美国的优越条件,毅然返回燃烧着抗日烽火的祖国。

"从天堂到地狱"

按照当时的规定,乘飞机时每名乘客的行李不能超过20千克。卢鹤绂将

卢鹤绂和妻子吴润辉新婚照

大量书籍资料保留，扔掉部分其他行李，可还是超重。他在大衣内侧缝了一格一格的布袋，将科学资料藏在布袋里。登机安检时，一个工作人员发现了卢鹤绂身上的秘密，最终被他热爱知识和追求科学的精神所感动，将他放行。

卢鹤绂回国后，先在迁到偏僻农村破庙的中山大学任教。夫妇俩住在一个祠堂内，自己劈柴生火做饭，在豆油灯下备课。有人戏称他们的生活条件"从天堂堕入地狱"，卢鹤绂却用曹植的一句诗作答："闲居非吾志，甘心赴国忧。"后来，卢鹤绂几经辗转来到广西大学任教。为躲避日机轰炸，师生经常在岩洞里上课。卢鹤绂在日记中写道："天上有敌机轰炸，地上有蛇虫野兽，物资也严重匮乏，但是大家的情绪仍然十分高昂。"

因日寇炮火逼近桂林，广西大学师生北迁至融县。不久，桂林沦陷，卢鹤绂和同事们准备前往贵州，但听闻当地土匪猖獗，且先杀后抢。正在众人犹豫之际，卢鹤绂慨然说道："宁死于匪穴，不受辱于日寇！"在他的激励下，师生们下定决心继续北上。流亡途中，他们果然被一伙土匪拦住了去路。卢鹤绂不顾个人安危，带领一位体育老师深入匪巢与匪首谈判。他向匪首讲述了自己为报效祖国从美国回来，因日寇侵略而被逼北上避乱的经历，对其晓以民族大义。土匪头子被其一腔爱国热情所感动，不仅放弃了行凶的恶念，还给他们发放了土匪圈内通行的放行"令旗"，师生们得以安全抵达贵州榕江。

公开揭露原子弹的秘密

1945年春，应浙江大学竺可桢校长之邀，卢鹤绂前往已经迁到贵州湄潭的浙江大学。时任物理系主任王淦昌回忆说："卢教授是新来的，房子、食物，什么东西都没有，生活非常苦，非常困难。湄潭的房子少，只好住在我们的阁楼上。那个房子很简陋，要是走路重一点，楼板的灰就会掉下来。他有小孩，每天就吃一点白薯，要去很远的地方才能买到一点牛肉给孩子吃。"就是在这种艰苦卓绝的条件下，卢鹤绂写出了一大批世界水平的论文，令国际同行瞩目。

"在湄潭的浙江大学，不但有世界第一流的地理气象学家竺可桢教授，还有世界上第一流的原子能物理学家卢鹤绂、王淦昌教授，他们是中国科学事业发展的希望，那里是东方的剑桥。"著名学者李约瑟博士1945年这样写道。当时，卢鹤绂只有31岁。

20世纪70年代，卢鹤绂在美国斯瓦尔斯莫尔大学教课

卢鹤绂深感作为一个中国人，有责任将原子能知识贡献给同胞。他利用业余时间撰文，第一次在国内全面介绍核裂变的实验发现和理论认识，并预言不久的将来人类将大规模利用原子能。1945年，美国在日本投掷原子弹，举世震惊。当时原子弹及反应堆的大小是美国的最高机密，而第二次世界大战结束后不久，卢鹤绂就首次公开论述了原子弹的全部原理，提出了估算铀-235原子弹与费米型反应堆临界大小的简易方法，卢鹤绂因此被誉为"世界上第一个公开揭露原子弹秘密的人"。

希望再奋斗20年

卢鹤绂最大的爱好是京剧，而且唱得很好。抗日战争期间，他为慰问抗日将士做京剧表演，还曾应邀参加赈灾义演，演出《空城计》和全本《四郎探母》，

卢鹤绂铜像

引起轰动。卢鹤绂还找到了演戏和教书的相通之处:"演戏要进入你所演的角色,上课则要进入学生的角色,经常想到学生已经懂了什么,还要克服哪些障碍才能学懂什么。"

他用精彩生动的语言、缜密的逻辑、丰富的学术观点、严谨的推理,给学生极大的启发,为学生从事科学研究打下了良好的基础。王淦昌听过卢鹤绂讲课后评价说:"学生非常拥护他,因为他讲得好。他会演戏,像演戏那样教课,当然受大家欢迎了!"

"知而告人,告而以实,仁信也。"这是卢鹤绂的座右铭。无论对人、对事、对科研、对教学,他都奉行实事求是、知而告人和告人以实。凡是与他交往过的人,无不为他的"仁"所感动,被他的"信"所感染,从他的言行中感受到一位科学家的人格魅力。他不仅身体力行,率先垂范,而且一再告诫学生和青年科技工作者,一定要反对弄虚作假和浮躁浮夸作风,坚持严肃、严格、严谨的科学态度。

卢鹤绂在复旦大学工作

同时，他也强调创新的重要性。"开天辟地，创出新领域，自然得之；模仿练习，细游旧山河，只能失之。"这堪称他学术人生的真实写照。20世纪90年代，他还与弟子一起完成了一篇重要的论文发表在美国《伽利略电动力学》杂志上，被评论为"开辟了挑战爱因斯坦的新方向"。

1994年6月7日，在科学界、教育界纪念卢鹤绂80岁生日的庆祝会上，卢鹤绂回顾了当年学成归国、历经艰辛报效祖国的往事，并大声疾呼，中国物理要有所发现和创新，学物理的人士要更多地投身工业部门，以推动经济发展。他说："我现在80岁了，我希望再奋斗20年，为国家做点贡献。"

1997年卢鹤绂逝世，享年83岁。第二年，美国得克萨斯州休斯敦第一浸信会学校的校园里，竖起了一座卢鹤绂的雕像，该校的一间实验室也被命名为"卢鹤绂实验室"。这是美国主流社会在美国的土地上，第一次为一位中国科学家竖立雕像。卢鹤绂没能实现"奋斗到100岁"的心愿，但他追求真理、献身科学、忠贞爱国、安于清贫的品质，令中外科学家肃然起敬，值得后辈学子怀念和学习。

（熊家钰）

杨 槱

为了心中的造船强国梦

"只要全力以赴,坚持不懈地努力学习、工作,一定能为国家做出一些贡献。"

杨槱(1917—)

- 中国科学院学部委员(院士)
- 我国船舶设计学科的开山者,我国船舶与海洋科技发展历史研究的奠基者,中国船舶界第一位院士。

"大轮船开过来喽!"90多年前的广州,每当有轮船开过时,一个少年总爱和伙伴们在海滩上对着轮船兴奋地高喊。当得知很多船是洋人制造的,特别是看到外国军舰在我国沿海耀武扬威时,少年幼小的心灵受到极大的震撼,造船强国的梦想就此扎入他的心中。为了这个梦想,他孜孜以求,终于成长为当代中国最重要的船舶工程专家之一。

他就是中国科学院资深院士杨槱(yǒu)。杨院士从小到大没有离开过船。他喜欢船,热爱船。他的人生是和船一起度过的。他看船,学船,教船,造船,写船,船已经成为他生命中最重要的部分。

外国人跷拇指说"OK, Yang"

船坞旁,一个中国小伙子在学焊接。两小时过去了,汗水浸透了衣服,他拿下防护罩,看着自己的作品,摇了摇头,对自己表示不满。第二天,他又重复这一过程。一星期过去了,一个月过去了,他终于掌握了焊接技能。这就是青年时的杨槱在英国巴克来克尔造船厂实习时的情景。

1935年高中毕业,杨槱怀着对船舶和海洋的热爱,踏上赴海外留学的航船,开始了人生理想中的第一个航程。为了学造船,他来到了当时造船业最发达的国家——英国,选择了设有造船系的苏格兰格拉斯哥大学。

当时的格拉斯哥大学工学院实行"三明治"教学,即每年有一半时间在校读理论课,一半时间到工厂参加生产实践。在校时,杨槱听课,做笔记,写作业,做实验,抓紧时间充实自己。为了搞懂一些理论问题,他到图书馆里翻阅大量资料,为了推导一个公式,他往往用功到深更半夜。

在生产实践中,他每个环节都试着去学。从放样间到船体钢材加工间,再到铆钉作业台,杨槱几乎做遍了造船的所有工种。他与工人们同吃同住同劳动,遇到问题不耻下问。由于他有一股坚忍不拔的干劲和吃苦耐劳的精神,并善于运用理论来指导实践,慢慢地,他变成了一个"小专家",外国教师和师傅看见他常会伸出拇指说上一句:"OK,Yang!"

由于在各个方面都非常优秀,1940年3月,杨槱获得了一等荣誉学士学位。那时,英国对德国宣战已经半年多,英国国内急需大批造船人才,而此时踌躇满志的杨槱却做出了一个重大的决定——回国，因为他日思夜想的祖国已经深陷战争的苦难之中，报效祖国的理念使他毅然踏上了回国的航程，尽管英国各方面对他进行了挽留。

中国船舶界第一位院士

戴着安全帽，拿着设计图，在船坞旁指着在建的轮船对技术员和工人进行讲解；在讲台上，对着学生，在黑板上推导公式。杨槱回国后，这种画面在全国主要造船厂和设有造船系的高等学校经常可以见到。数十年时间里，他一直在高校、在船厂传播造船知识，为中国的造船事业发展做出了重要贡献。

杨槱（左二）《话说中国帆船》首发式

1981年，中国科学院学部委员（院士）评选名单揭晓，杨槱被增选为学部委员，是中国造船界评选出的第一位院士。

作为20世纪40—80年代在中国造船界有影响的代表人物，杨槱从理论到实践，为中国当代船舶工业的发展竭尽全力。他自编多部教材，其中有些是全国统编教材，被指定为高校专业类图书；他亲自讲授造船原理、造船设计等课程，指导研究生从事多项课题研究，一批成果被研究、设计单位广泛采用。

在他的学生中,很多人都成了教育界和造船界的精英或骨干,我国第一艘航空母舰"辽宁"号总设计师朱英富就是他的学生。

杨槱还主持并参加设计了多种类型的船舶:"瀛州"号巡逻艇、自卸运煤船、5 000吨近洋干货船、15 000吨经济型远洋干货船,等等。他主持并领导制定了中国第一部《海船稳定性规范》。它的制定填补了中国在该领域的空白,而随之提出的几十个研究课题,进一步推动了我国船舶稳定性的研究。

杨槱是我国船舶设计学科的开山者,也是我国船舶与海洋科技发展历史研究的奠基者。为了对中国造船史作一个资料性的总结,他陆续撰写了《中国造船发展简史》《郑和下西洋史探》《话说中国帆船》等论文和图书。在他的积极推动下,中国的造船史研究逐步兴起并走上正轨。

正因为他在理论和实践中的成就,他成为该领域第一位院士当之无愧!

倡导船舶设计电脑化

20世纪70年代,一直关注世界造船科技发展最前沿的杨槱,已经预感到电脑时代即将来临,靠计算尺、积分仪、曲线板等一些"土"办法设计船舶的时

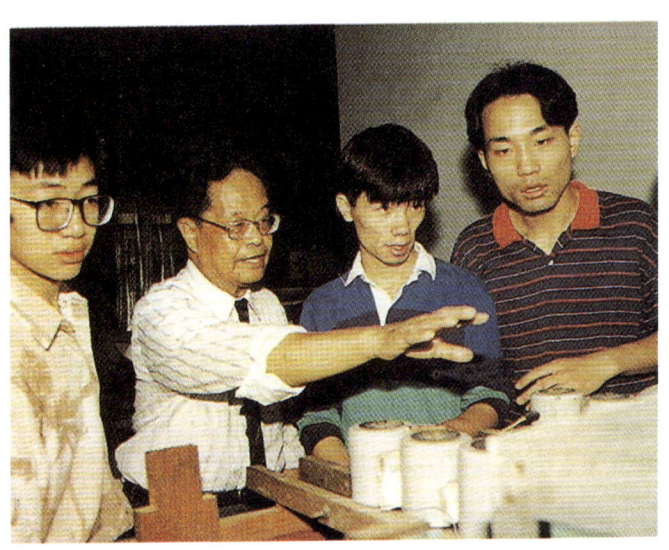

杨槱(左二)指导学生

代终究会过去。于是,他向自己的学生学电脑,了解电脑工作原理,为倡导船舶设计电脑化打下基础。

"那时的计算机很土,主机有房间那样大,靠穿孔打洞的纸带来完成计算。但计算机辅助设计是一个趋势,我们一定要顺应科技发展的潮流和趋势,否则我们将会一直落后。"杨槱在回忆这段经历时说得很坚定。

杨槱不但身体力行,自己带头用电脑设计和计算,还积极倡导科技人员学电脑,并要求逐步使用电脑进行船舶设计。随着电脑运行速度的提高,他又带领和组织国内有关研究机构,编制辅助船舶设计的电脑程序,还陆续编制系列软件,并广泛运用到设计之中。

工程经济第一人

20 世纪 80 年代,在以经济建设为中心的中国,"效益"成了人们热议的话题。那么,如何用最小的代价获得最大的效益?杨槱首先提出要运用工程经济理论。他对学生说,在船舶领域,不仅要考虑船的技术性能,更要考虑经济效益。要达到目的,仅仅考虑船舶本身是不够的,还要与港口、航道等因素综合起来进行分析,要以最小的投入产出最大的效益。

杨槱给学生们举例:"从长江各港口将集装箱运到日本或其他国家,是直接运输,还是先用较小的江船把货物运到下游港口,再转上大船运到目的地,各种船舶以多大航速运行,等等,都要有一个全盘的考虑,以选择最佳的经济方案。"

为了在理论上加以指导,1980 年他编写了《工程经济在船舶设计中的应用》一书,大力倡导船舶技术经济论证方法的研究。20 世纪 80 年代中期以来,他指导研究生从事沿海和长江煤炭、石油、集装箱运输系统的分析研究,旨在选择最佳船型与船队组成。

在分析中他既考虑到船舶、港口与航道的配合,也考虑到海上气象、营运中的操作效率以及营运成本中的许多不确定因素。他的科研小组应用现代预测技术、运筹学和系统分析方法,解决了水运系统中的船型分析和船队组成等问题。这方面的多项科研成果被同行专家评为国内首创,杨槱也被誉为国内工程经济第一人。

老骥伏枥,志在千里。杨槱始终倾心于船舶研究,"我觉得不应该浪费一分钟,勤劳一点,才可以衰老得慢一点"。《辞源》中对"槱"的解释是"积火燎之也"。俗话说,星火可以燎原。为了理想燃烧自己的生命,这正是杨槱对名字、对人生的最好诠释。

(顾伟民)

 院士微讲坛

21世纪的船舶将更加安全可靠

船舶、铁路和航空都曾自称是最安全的交通运输工具,但是三者每年都发生一些遇难事故。1997年美国好莱坞再次搬上银幕的《泰坦尼克号》获得了1998年奥斯卡金像奖中一半的奖项,引起了世界轰动。该片描绘的是1912年在北大西洋发生的一次巨型豪华客邮船与冰山相撞,船体破裂而沉没的海难事故,2240人遇难。这次事故引起世界航运界对船舶安全的高度重视。1914年各主要航运国签订了《国际海上人命安全公约》,对船体构造、救生设备、无线电装置和航行安全等都作了具体技术规定。以后该公约作过四次修订,可说是比较完备了,但直至今日,海上事故仍然不断。例如,1994年9月28日北欧的豪华车客渡船"爱沙尼亚"号在波罗的海的风暴中船艏门破坏,海水大量涌上车辆甲板,导致船的稳性丧失而翻沉,遇难旅客与船员共900人。此后,造船和航运界认真研究这类船的薄弱环节,对提高船的稳性、改进船艏门的构造等提出不少建议,但尚无较理想的方案。

近年来,也有一些大型散货船在海上的狂风巨浪中沉没失踪。人们认为这种船的结构上有严重缺陷,例如,船侧顶部和底部压载水舱之间的结构是薄弱环节。各著名船级社(对船舶进行技术检验,使其符合安全航行标准的机构)对此也进行了大量研究,并相继推出审核船体结构强度的计算机软件包,如英国劳氏船级社的《造船木工》和美国船级社的《安全船体》。

当今正处于无线电通信和计算机技术飞速发展的时代，充分利用这些新科技提高船的安全性，是必然的趋势。现在船上已普遍装上卫星导航，即全球定位系统(GPS)。通过卫星通信，可以得到所处海域的实时气象和海浪信息。根据船的装载情况、航行方向以及风、浪载荷(冲击力)，利用已装备的计算机程序，可以很快算出船的颠簸和结构受力情况，从而采取避风措施。至于船上救生和防火、灭火设备等则年年有改进和创新。我们相信21世纪的船舶将更加安全、更为可靠。

（节选自杨槱著《船舶必将依靠高新技术不断创新，登上新台阶》，原文收录于《院士展望二十一世纪》，上海科学技术出版社，1999年。）

应崇福

我的祖国急需服务

"如果能够继续做科研,就算国内没有这个学科我也能创建起来,开辟新领域我从来都不害怕。"

应崇福(1918—2011)

- 中国科学院院士
- 中国超声学研究奠基人,中国科学院声学研究所创建者之一。

应崇福院士是我国著名的超声学家。他于1918年出生,抗日战争期间随华中大学迁往云南大理学习物理学。虽身处苍山洱海,眼中满是风花雪月,但国仇家恨一直未曾从他的心中消失过。抗日战争胜利后,他于1948年赴美国布朗大学学习电子学。1951年取得博士学位之后,他立即着手准备回国,但事情一波三折。

回国受阻

一开始的困难是他凑不出回国的旅费。留学期间,应崇福一直靠布朗大学的奖学金维持学业与生活,毕业时微薄的积蓄根本不足以支付昂贵的船票。无奈之下,他只好跟家里联系,看家里能不能在国内申请购买旅费外汇。这时他的爱人失业在家,虽然上下打点、多方筹措,却还是凑不出足够的人民币来换取外汇。

天无绝人之路,应崇福竟意外申请到了美国国务院的旅费津贴,随即用这笔钱买了船票,准备离境。没想到就在预定启程日期的前4天,他接到了美国移民局禁止离境的通告,告诉他在禁令解除前不得离开美国。同应崇福一样

应崇福(前排中)与布朗大学华人同学留影

收到禁令的还有大约 4 000 名中国留学生,这份禁令是当时的国际政治背景和美国国内舆论联合催生的。

1950 年 6 月朝鲜战争爆发,10 月中国人民志愿军入朝作战,一下把中国在美留学生推到了美国公众面前,很多人担心:如果这些中国学生所掌握的技术在归国后被用来对付美国,那该怎么办？于是很多学习理工科的中国学生收到了禁止离境的命令。

应崇福本已近在咫尺的全家团聚被推迟了,而且是无限期的推迟。他遏制不住自己的愤怒与失望,于是前去找当地移民局的官员理论。面对应崇福的质问,移民官只能说:"在美国不是很好吗？"应崇福愤怒地回应说自己有家庭、有爱人,自己必须回去。就连一旁的美国职员都有些看不过,为他仗义执言,但最终他还是不得不面对现实。毕竟,在国家的利益、政治的对抗面前,个人的感受、小家庭的幸福算什么呢！这就是生活在"大时代"中的人们的不幸！

学习超声学

好在周围的环境还不太糟,人们对这些被迫滞留的中国留学生并没有太多的敌意,反而隐隐有一种同情。10 月底,布朗大学办公室的人帮助应崇福在应用数学系联系了一份工作,让他去丘尔先生的金属研究实验室报到。

这个实验室的主要工作是以超声作为工具研究固体的性质。超声是指频率超过 2×10^4 赫、人耳听不到的声音。人类到 19 世纪才认识到超声的存在,并开始对其开展科学研究。一直到 20 世纪初,相关研究依然停留在对自然现象的发现和阐明,纯粹是

应崇福在布朗大学工作期间,忙里得闲泛舟出游

出于兴趣。随后,人们发现超声有着广泛的用途,可以人为制造大量的超声,并利用它们从事生产性或是破坏性的工作。于是,围绕这些应用研究,超声学正式产生了。有一些学者将超声作为工具,去探查物质结构的奥秘,丘尔教授就是其中之一。

应崇福来报到的时候,丘尔的实验室还处于草创阶段,但是充满了生气。一开始,应崇福对实验室所要从事的研究还不太了解,只能做些辅助性的工作,给人家打杂。他知道要在这里立足,必须对实验室所采用的基本工具、研究方法有深入的了解。因此,他从头做起,开始学习超声学的相关知识。面对这一陌生的领域,应崇福没有退缩,他知道如果自己不努力去学习,就只能一直给别人打杂。直到晚年,他还为自己当年的闯劲感到自豪:"我敢碰从来没碰过的东西,我大概有这个天分。我喜欢盖房子,我不希望装修。"

他的努力加上天分很快就得到了回报。1951年底,应崇福在对超声学的知识和实验室的研究状况有了基本的了解后,就开始着手准备做自己的研究。此后的三四年间,他研究固体中的超声散射现象,完成了一些经典研究范例,有些成果直到几十年后仍被后来的研究者引用。他自己也认为这是他学术上最为多产的时期之一。

虽然事业发展非常顺利,但是他一直牵挂着国内的家人,时刻牵挂着回国的事情。1952年夏天,他和另外两位中国同学一起到美国南部旅行,最主要的就是想看一下田纳西大坝工程。当时他们梦想着有一天国内会修建长江大坝,因此想要提前储备一些感性认识,以便回来后服务国家建设。到了1955年,回国的事情终于出现了转机。

乘船归国

美国移民局禁止中国留学生离境的命令发布后,新中国政府和一些坚决要求回国的留学生一直都没有放弃努力。1955年4月,美国国务卿杜勒斯向艾森豪威尔总统提交备忘录,建议放这些被迫滞留的学者归国。于是,超过一半的留学生被告知他们的离境限制被取消了,可以随时离开美国。

应崇福的离境限制也是此时被取消的,但他一时还走不开。首先是当时

应崇福(左一)与同学赴美国南部旅行途中留影(1952年)

他的研究工作正进行到紧要关头,必须等到实验告一段落;其次他签下的聘约要到1957年才到期,要想立即回国必须事先与雇主达成谅解;另外,4年来打下的研究基础也不是说放下就放下的。但无论如何,应崇福还是很快就决定要尽快回去,因为抛开对国家民族的感情不说,他的家人都还在国内。

既然决定了回国,他随即加班加点把手头的实验做完,与丘尔沟通,希望提前解除合同。虽然丘尔一再诚恳挽留,可应崇福去意已决,丘尔只得允许他在当年9月辞职。

又经过一番周折,直到11月25日,应崇福才由圣弗朗西斯科(旧金山)登上轮船,正式踏上回国的旅途。在船上,他觉得有必要就自己回国的原因对丘尔做一番说明,于是写了一封长信,其中写道:

"按理说,很难找到理由让我离开你的实验室。在这不多的理由当中,有一个你大概知道,就是那个名为中国的国家是我的祖国。当然,还有一些更深层次的原因。这个国家急需服务。我并不觉得美国尽善尽美(恐怕在别处也不会),但是我的确赞赏这个国家的许多东西。人类总是要向高处发展,美国进步了,中国也同样要进步。所以,既然我能够在美国为人类进步服务,那么在中国也一样可以。而且,如果我没弄错的话,比起在美国,在中国工作,我能更有效地为更多的人服务。中国专家很少,用于吸引专家的财富也很少,而且有着许多棘手的难题。如果连我这样的人都不回去直面这些困难,那么还有什么人会去为这个所谓'上帝都禁止'的国家服务呢?并且,如果这样一个巨大的国家不能独立自主,整个世界都将无法保持纯洁的良心,无法维持持久的和平。我爱我的国家,同时我也爱整个世界!我相信你我能齐心协力,在正常情况下走向至善与和平的未来!"

带着游子还乡的喜悦和对未来的美好憧憬,1955年12月16日,应崇福终于走下轮船,从此致力于超声学在新中国的应用普及和理论研究工作,几经波折仍初衷不改,开山创业,成果丰硕,成为国内外学界、业界所推重的知名科学家。

(王传超)

中国超声学从零起步

应崇福回国时,超声技术的应用在发达国家已经很普遍,国内却基本上是一片空白,不太被人们重视。在这样的情况下,应崇福认为普及超声知识、推广超声波的应用是当务之急。除积极承担与"两弹一星"有关的国防超声检测任务外,他还花了大量时间和精力从事超声的普及、推广工作。在应崇福的努力下,越来越多的人开始了解超声波,这是应崇福一生对我国超声事业的重大贡献之一。

1978年后,应崇福组织了一支精干的研究队伍。经过20多年的努力,中国的超声事业从无到有,20余所大专院校先后开设了相关专业,各个主要工业部门也都建立了相应的研究机构。同时,作为学科奠基人,应崇福在学会建设、期刊主办、研究生培养等方面,都为中国的超声研究与学科发展做出了不可磨灭的贡献。

徐光宪

永远解不开的稀土情结

"我们立志要取得成功,一定要着眼于对国家、民族和人类社会做出有益的贡献。这样才能站得高,看得远,才有崇高的目标。"

徐光宪(1920—2015)

- 中国科学院学部委员(院士)
- 国家最高科学技术奖获得者,被誉为"中国稀土之父"。

家有良田千顷，不如一技在身

1920年11月7日，浙江绍兴风和日丽。这天，工商业者徐宜况的家里降生了第七个孩子，他就是徐光宪。

徐光宪的父亲与人合伙开了一家布店，家境殷实，再加上徐光宪是最小的孩子，深得父母宠爱。但是，好景不长。几年以后，涉世未深、在布店担任协理的二哥参与了一场"豪赌"。顷刻之间，家里一贫如洗，布店只能倒闭，赔还债款。母亲一怒之下将二哥逐出家门。后来二哥流亡他乡，父亲也受打击而病故，家道从此衰落。

家庭的变故使母亲更加坚强。她把几个孩子叫到跟前，对他们说："家有良田千顷，不如一技在身。你们要用功读书，学习技术，不要再依赖家庭。"徐光宪把母亲的教诲牢牢记在心里，背上书包，开始了求学生涯。

初踏社会被骗，自学考入名校

通过努力，徐光宪以优异的成绩从小学毕业。为早日获得就业机会，他只读了一年高中，就转到浙江大学附属杭州高级工业职业学校土木科念书。徐光宪回忆道："一年后，杭州沦陷，我随校转到宁波高级工业学校，于1939年毕业。当时，叙昆铁路筹建工程局派专人到宁波来招收练习工程员，我班有8个毕业同学被选中。那人带我们到上海，住在一家小旅馆里，说自己要去购买船票，但一去就没回来。原来他趁兵荒马乱之际，携我们8人的旅费潜逃了。大家刚踏上社会，被这突如其来的遭遇吓蒙了，最后大家决定自找出路。"

徐光宪被骗后，只身留在上海，经人介绍当了一名家庭教师。那时，上海交通大学在江浙一带非常有名，徐光宪仰慕已久。他挤出时间刻苦自学，1940年，终于以优异成绩考入上海交通大学化学系。为何要选择学化学？他坦言："我对数理很有兴趣，但是，学化学更容易找到工作。"这一决定改变了他的一生。从此以后，他与化学结下了不解之缘。

徐光宪(前排右二)与大学同学合影

冲破重重困难,毅然回国效力

1946年,徐光宪和夫人高小霞通过国家留学生考试。在亲戚的资助下,徐光宪于1948年先到美国,就读于华盛顿大学化学系。同年,他在哥伦比亚大学暑期试读班中成绩名列榜首,被录取为研究生,攻读量子化学,并被聘为助教,因有了一些收入,得以助高小霞赴美国纽约大学学习分析化学。

1949年,徐光宪获得哥伦比亚大学理学硕士学位,1951年获得博士学位,并被选为美国西格玛赛(Sigma Xi)荣誉科学会会员。高小霞也取得了纽约大学分析化学硕士学位,并继续深造。哥伦比亚大学欲聘徐光宪担任讲师,或推荐他去芝加哥大学做博士后,并想让他加入美国国籍。此时,他们得知新中国翻天覆地的变化和抗美援朝战争爆发的消息。夫妻俩商量后,以回国探亲的名义,毅然回到祖国,一起到北京大学任教,全身心投入伟大祖国的教育事业中。

"高小霞放弃了即将到手的博士学位,你们不后悔吗?"笔者问。

徐光宪和夫人高小霞

"如果没有抗美援朝,我们还会在美国多待些时候,但抗美援朝开始了,我们是中国人,当然要回国效力!"徐老的语气非常坚定,"当时果断回国是正确的,否则就回不来了!"

正是徐光宪的果断、高小霞的无私,才使中国化学界多了两位领军人物。

撰写经典著作,影响几代化学人

徐光宪回国后,马不停蹄地投入教学工作中。他开设了物理化学课,培养了第一批放射化学人才;举办了物质结构进修班,培养了第一批物质结构教师。

1959年,徐光宪的第一本著作出版了,它就是在化学领域鼎鼎有名的《物质结构》。这本书是我国介绍现代原子结构和分子结构的第一本教科书。在以后的岁月里,它到底再版过多少次、出版过多少册,今天已无从考究,但人们清楚地知道,就是这本被教育部规定为全国统编教材的书,在我国整整影响了几代化学工作者。1988年该书获得了全国高等学校优秀教材特等奖,而获这一殊荣的教材在全国屈指可数。在徐光宪整整60年的执教生涯中,像这样有影响的教科书他已著有 10 多部(册),并被不断再版。

徐光宪的一位学生在祝贺徐老八十寿辰的回忆文章中写道:"能够成为徐老的学生非常幸运。他带过近百名博士生和硕士生,在他们中间,已成为两院院士、长江学者的就有好几位,至于读过徐老教材而成长为优秀人才的就不计其数了。"

所以,徐光宪在参加国内外学术活动时,经常有很多在化学方面有学术建树的人物对他说:徐老,以前我读过您的书,这次能够相见,真是荣幸。有人曾称赞:全国学化学的人都读过徐老的书。可以说,徐光宪的著作影响了中国几代化学人,他为中国的化学教育做出了极大的贡献。

在中国核燃料史上留下名字

1956 年,时任核工业部副部长的钱三强指名抽调徐光宪到北京大学技术物理系,从事核燃料萃取化学研究。1964 年,徐光宪等一批科学家提出,摈弃由苏联专家提供的沉淀法,以我国自行研究的、先进的萃取法筹建核燃料后处理厂,制造原子弹原料——钚。徐光宪等人的这一提议在决策上起了作用,使我国在苏联专家撤走后,在没有图纸的情况下,用较低的成本快速改建了厂房,使我国的核工业在国家最困难的时候,走上了快速发展的轨道。

在记载中国核燃料萃取分离历史的一页上,徐光宪的名字将永远留存。

发明稀土分离技术,创利数以亿计

"稀土"是徐光宪科技人生的关键词。我们很难想象,如果没有稀土,世界将会怎样。我们每天看的电视,画面上鲜艳的红色就来自稀土元素铕和钇;外出携带的照相机,镜头里就有稀土元素镧;我们天天使用的手机、计算机中也有稀土元素。有资料显示,当今世界每五项发明专利中便有一项和稀土有关。别看稀土在我们的生活中无处不在,可在过去,开发利用稀土的生产技术始终掌握在国外少数厂商手里,而稀土拥有资源量最大的中国,只能用低廉的价格出口稀土矿,再以高价进口稀土产品。这是多么令人叹息的事情!

为了争口气,徐光宪带领课题组多次到矿区、到工厂,反复试验,创立了串级萃取理论,并运用于实际生产。这一从理论到实践的"一步放大",极大地提高了我国稀土工业的竞争力。后来,徐光宪在全国各地培训专业技术人员,使这一理论在全国得到推广。由于我国使用了自己的分离技术,国际单一稀土产品的价格大幅度下跌,打破了发达国家控制国际稀土市场的格局,原先长期垄断国际稀土市场的一些国外生产商不得不减产、转产甚至停产。国际同行将之称为"来自中国的冲击"(China Impact)。

直到今天,串级萃取理论仍然是我国稀土工业的理论基础,而这场由徐光宪引起的"中国风暴"给我国带来了数以亿计的收益。该项目先后获得国家自然科学三等奖、国家科学大会奖和国家科技进步奖。

1998年,徐光宪失去了相濡以沫52年的人生伴侣高小霞院士。正当人们担心他能否撑过这一难关时,坚强的徐老很快振作起来。他又走进了实验室,又来到了矿区,并联名十几位院士呼吁保护和有效利用我国云南鄂博稀土资源……

2009年,徐光宪获得国家最高科学技术奖。这是中国科技界的最高荣誉,旨在表彰这位著名化学家对稀土领域穷尽一生的突出贡献。徐老曾说:"我有稀土情结,永远解不开。"是的,他的名字始终与稀土同在。

(顾伟民 曹 杰)

第二章 推动中国科技赶超世界

- 吴孟超完成了世界上第一例中肝叶切除手术,让西方人对中国的肝脏外科刮目相看。这是吴孟超给当初那个发出傲慢预言的外国人的一记有力回击。

- 王振义的幼年及青少年时代是在中国遭受外国欺凌的忧患时代,尤其是在抗日战争时期度过的,所以他深受"只有奋发读书,有了技术才能救国"的思想影响。

- 徐元森多次调整研究方向,每一次都投身于国家急需的领域,每一次都结出了累累硕果。

- 曾经有国外研发机构来兜售早期研发的技术文档给中国,但王大中始终坚持"核心技术的研发即便再难,也要咬牙坚持自己干"。

- 踏上祖国土地的那一刻,年仅26岁的曾庆存就向朝思暮想的祖国表明心迹:绝不辜负国家的培养,一定要在气象科学领域踏上世界最高峰。

- 汪品先被邀请担任国际大洋钻探计划184航次的首席科学家,这是中国海的首次大洋钻探航次,也是第一次由中国人设计和主持的大洋钻探航次。

- 作为最早呼吁推出中国"脑计划"的科学家之一,杨雄里期待通过我国脑科学研究的跨越式发展,回应西方发达国家在这一领域的强势出击。

- 林尊琪住院期间高烧昏迷,上了呼吸机,敷着冰袋,可他嘴里还念叨着"激光器""数百毫焦"……

- 褚君浩带领科研团队自主创新,打破了国外的技术垄断,确立了中国在国际光伏产业链的地位。

吴孟超

手术室是我一辈子的战场

"为人民群众的健康服务,是我入党和从医时做出的承诺,我将用一生履行这个承诺!"

吴孟超(1922—2021)

- 中国科学院学部委员(院士)
- 中国肝脏外科的开拓者和创始人,创造了中国肝脏外科的无数个第一。

外国人的傲慢刺痛了他

1958年春天,吴孟超和同事刚刚翻译出版了《肝脏外科入门》,这是中国的第一部肝脏外科译著。这时发生的一件事,加快了吴孟超进军肝脏外科的步伐。

这天,一个国外医学访问团到医院进行访问。在谈到肝脏外科时,一个专家傲慢地说:"中国的肝脏外科现在还没有起步。你们要想赶上世界,至少也要二三十年的时间。"外国人的傲慢刺痛了吴孟超那根敏感的爱国神经,也刺激了他进军肝脏外科的兴奋神经。

对傲慢的人,最好的回击方式就是让他自己低下傲慢的头。

晚上,吴孟超怎么也睡不着。他索性披上衣服,在灯下写了一份向肝脏外科进军的报告。之后,吴孟超又挥毫写下了"卧薪尝胆、勇闯禁区"八个大字,作为自己向肝脏外科进军的誓言和座右铭,勉励自己以后不论遇到什么困难,都要像战场上的战士一样决不后退。

1959年,吴孟超和同事历经200多天反复试验,制作完成我国第一具完整的人体肝脏血管铸型标本。这个标本的制作成功,为帮助人们完全了解中国人肝脏的血管分布和血流走向起了决定性的作用。直到今天,全国所有医学院在肝脏解剖学上都采用吴孟超他们创立的"五叶四段"理论。

突破"禁区中的禁区"

历史的年轮转到了1963年。此时的吴孟超因为成功的肝脏手术和"间歇性肝门阻断切肝法"而成为全国外科领域知名的"一把刀",但是,"野心勃勃"的吴孟超知道肝脏外科还有太多的未知领域等待他去探索。他把目光瞄准了中肝叶。

如果说肝脏手术是外科手术的"禁区",那中肝叶无疑就是"禁区中的禁区",因为中肝叶处于肝脏的"心脏",被肝脏丰富的大血管所包绕,而且手术切

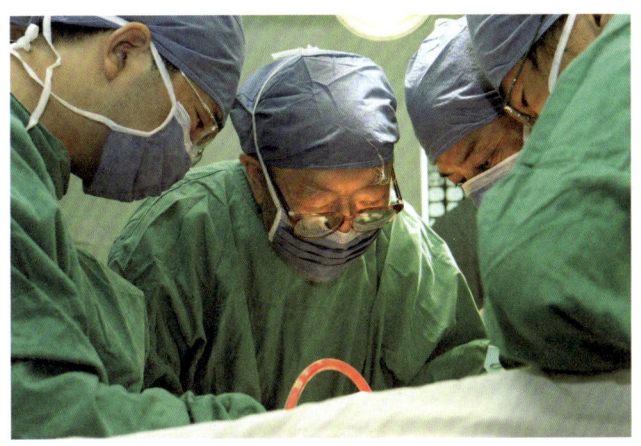

吴孟超（左二）手术时特写（2010年）

除后会产生两个肝创面，很不利于伤口的缝合和恢复。当时，世界上著名的肝脏外科专家对中肝叶切除术都非常谨慎，还没人成功越过这个"禁区"，国内在这方面更是一片空白。

1963年春节鞭炮的硝烟味还没有散尽，吴孟超就一头扎进实验室，开始了中肝叶切除术的动物实验。在实验室里，吴孟超一待就是两个多月。一次失败，第二次接着来；两次失败，第三次再来……渴了，对着水龙头喝冰冷的自来水；饿了，就着咸菜啃凉馒头；困了，两张椅子一拼就是床……

吴孟超一次次接受失败的现实，一次次记录失败的数据，一次次吸取失败的教训，一点点接近成功的希望。终于，吴孟超觉得在人身上进行中肝叶切除术的时机到了，他心中理想的"保险系数"已经达到最高值。

初夏的一天，一名被全身麻醉后的中年患者仰卧在手术台上，她将要接受吴孟超为她进行的中肝叶切除术。像往常每一次手术一样，吴孟超再一次仔细看过患者的片子，镇定地穿上手术服，从容地切开了患者的腹部……吴孟超的沉着和镇定带动了大家，在场的医护人员很快进入手术状态。

6小时后，吴孟超缝合完最后一针。他抬头看了看监护仪，询问麻醉医生患者的血压和心率。从麻醉医生的嘴里听到"一切正常"四个字后，吴孟超松开了一直紧锁的眉头，长出一口气，露出了会心的微笑。

手术室里随即一片欢腾。

吴孟超一举突破"禁区中的禁区",从肝脏外科的一个巅峰攀上了另一个巅峰。全国主要的新闻媒体和世界上大多数新闻传媒都在第一时间发布了这个振奋人心的消息。这例成功的中肝叶切除术,让西方人对中国的肝脏外科刮目相看。吴孟超知道,这是他给当初那个发出傲慢预言的外国人的一记有力回击——我们年轻的肝脏外科仅仅用了5年时间,就迈进了国际肝脏外科的先进之列!

创造了无数个第一

吴孟超创造了中国乃至世界肝脏外科领域的无数个第一:

他主刀完成了我国第一例成功的肝脏手术;他翻译了第一部中文版的肝脏外科专著;他制作了中国第一具肝脏血管的铸型标本;他创造了间歇性肝门阻断切肝法和常温下无血切肝法;他完成了世界上第一例中肝叶切除手术;他切除了迄今为止世界上最大的、直径68厘米、重达18千克的肝海绵状血管瘤;他完成了世界上第一例在腹腔镜下直接摘除肝脏肿瘤的手术;他为一名仅4个月大的女婴切除了重达600克、体积比婴儿脑袋还大的肝母细胞瘤,创下了肝母细胞瘤切除患者年龄最小的世界纪录……

中国肝外科一夜成名

1979年,第28届国际外科学术会议在美国举行。中国肝脏外科的创始人吴孟超和中国外科界三位泰斗级人物吴阶平、陈中伟、杨东岳接到了大会邀请。大会宣读论文的目录发下来后,吴孟超看到将在会上宣读肝脏外科论文的学者一共有三位,他排在最后,前两位都是西方发达国家的会议代表。

吴孟超细心听完了两个外国同行的发言后,心里有了底。他充满自信地走上讲台,以流利的英语开始发言。在论文一开头,他就提供了一组让所有与会者吃惊的数字:"本文分析从 1960 年 1 月至 1977 年 12 月手术切除治疗原发性肝癌 181 例,手术死亡率 8.8%,有 6 例已生存 10 年以上……"

在吴孟超之前宣读肝脏外科论文的两名外国学者,两人加在一起的肝癌切除术共 18 例,讲台上的吴孟超一个人就做了 181 例!吴孟超手术的高成功率、吴孟超自创的肝脏解剖理论、吴孟超自创的间歇性血流阻断止血法、吴孟超切除的 18 千克的肝海绵状血管瘤……在会场上引起了强烈的震动。当吴孟超结束发言时,台下的人好像还沉浸在他的发言里,愣了好一会儿才爆发出如潮水般经久不息的掌声。

吴孟超门诊时特写

世界尊重知识和科学,更尊重创造知识和科学的人。

吴孟超的发言一结束,许多外国专家就向他提出问题。他们的言语中早已没有了会议开始前的那种轻视,取而代之的是一种升腾起来的敬意。会议后期,吴孟超被增选为国际外科学会会员。国际医学界用这种方式肯定了吴孟超,也肯定了中国的肝脏外科学。"风光无限"的吴孟超,以他个人的辉煌走向了世界,为中国医学界争得了荣誉。

一直战斗下去

自古勇士爱战场。从 1956 年进军肝脏外科以来,吴孟超就像一个不知疲倦的士兵,一直战斗在这片没有硝烟的战场上。虽然他在这片战场上打了大大小小一万多场胜仗,已经由一个普通的"士兵"成长为人所敬仰的"将军",但他每天仍然战斗在与肝癌斗争的最前沿,指挥和带领他的弟子们杀死一个个"来犯之敌",保护人们的身体健康。

吴孟超（左）和恩师裘法祖（中）、学生王红阳在一起

吴孟超直到90多岁还始终坚守在医疗第一线，如果不出差开会的话，每天还要做两台以上手术。他说："作为一名普通的外科医生，我最大的愿望就是能多开刀，多为几个患者减轻点痛苦，让肝癌患者的生命不断延长，真正提高他们的生活质量。"

吴孟超还说："肝癌是我今生最大的敌人，而手术室就是我这一辈子的战场，我要一直战斗下去。"

（张　鹏）

 院士微讲坛

21世纪的疾病

在高科技的条件下，疾病不仅没有被消灭，反而愈治愈多，尤其是各种慢性病、老年病。科学越发达，医疗费用越高，越是工业化福利国家，越不堪重负，世界上各种医疗改革措施步履蹒跚地向前迈进。

1992年，美国的一位哲学家、医学家卡拉汉在一次国际医学会议上，提出要重新考虑医学的目的，以求解决目前医疗中存在的各种问题。1997年，包括我国在内的14个国家聚在一起认真讨论，最终形成了《医学的目的：确定新的优先战略》的报告。新的医学目的有：

(1) 预防疾病和损伤，促进和维持健康；

(2) 解除由病灾引起的疼痛和痛苦；

(3) 照料和治愈有病的人，照料那些不能治愈的人；

(4) 避免早死，追求安详死亡。

在21世纪，这四个医学目的对于我们这些仍然以男女受精卵结合、母体十月怀胎的方式繁衍的人类来讲，恐怕不会有更多改变。由于政治体制、国家结构与民族地域的限制，在100年内，情况不太可能有多少变化，而且人类经济发展还将受到地球资源的限制。由于没有社会的、政治的、经济上的行动支持，人类无法消灭哪怕是最简单的疾病，所以21世纪虽然有可能像在20世纪消灭天花那样消灭少数几种传染性疾病，但是整个疾病状态，可能将与20世纪大同小异，甚至有可能因为高科技产生新的微生物和新的病种，带来新的无法控制的疾病。

（节选自吴孟超著《人类对医学的再认识》，原文收录于《院士展望二十一世纪》，上海科学技术出版社，1999年。）

王振义

让癌细胞"改邪归正"

"做人要有不断攀高的雄心,但又要有一种正确对待荣誉和自我约束的要求和力量,对名利看得很淡,对事业看得很重。"

王振义(1924—)

- 中国工程院院士
- 国家最高科学技术奖获得者;中国血栓与止血专业的开创者之一;首创应用全反式维甲酸诱导分化治疗急性早幼粒细胞白血病,让该疾病成为首个可被治愈的肿瘤,被世界医学界誉为"癌症诱导分化第一人"。

勤奋好学，幼年立下从医的理想

王振义 1924 年 11 月 30 日出生在上海，祖籍江苏兴化，家中姐弟 8 人，他排行老三。王振义自幼勤奋好学，凡事总有问不完的"为什么"。王振义的父母家教很严，教育子女要做一个正直的、有一技之长的、对社会有用的人。

祖母是王振义最敬爱的人。在他 7 岁那年，祖母不幸患了伤寒，虽然请到了一位沪上知名的医生前来诊治，但限于当时的医疗水平，祖母最终还是去了。王振义的父亲悲痛欲绝，从此希望子女中有人能够从医，对家人有所照顾。其实，当时只有 7 岁的王振义已经在思考："祖母怎么会得这个病呢？为什么这个病不能治呢？难道真的没有办法了吗？"一个接一个的问号，在王振义的心中凝结成探求医学知识的渴望，凝结成一种从医的萌动。

王振义的幼年及青少年时代是在中国遭受外国欺凌的忧患时代，尤其是在抗日战争时期度过的，所以他深受"只有奋发读书，有了技术才能救国"的思想影响。殷实的家境允许他从小学一直念到大学。1942 年，王振义进入震旦大学，在"医生是一份崇高职业"的思想影响以及家庭的支持下，他选择了医科。

独辟蹊径，让肿瘤"改邪归正"

1948 年，王振义从震旦大学医学院毕业，获得医学博士学位，因成绩名列前茅，留在广慈医院（瑞金医院的前身）担任住院医师。1959 年，领导安排王振义负责白血病的病房工作。王振义以极大的热情投入工作，可是在短短的半年时间内，仍有数十例急性白血病患者离开人间。无情的事实让他认识到，单有热情而没有过硬的本领是挽救不了患者生命的，也激励他一定要深入研究白血病的治疗，为患者造福。可惜，以后一段时间王振义调离了广慈医院。

王振义深知，科学研究最忌讳的就是浮躁，清贫与寂寞常常是科学家最好的朋友。在这种信念的支撑下，1978 年，他返回临床，与血液科的同事们共同研究白血病的治疗。治疗白血病有两条研究途径可循：一是化疗，杀死白血病细胞；二是诱导分化，将恶性的白血病细胞转变为良性细胞。在儒家"改邪归正"思想的影响下，王振义率领的研究组选择了诱导分化治疗白血病的途径。他的研究组证明，全反式维甲酸在体内可使新鲜急性早幼粒细胞白血病细胞向成熟细胞分化。王振义征得患者和家属的同意，试用全反式维甲酸治疗晚期或化疗无效的急性早幼粒细胞白血病患者，取得惊人的效果，创造了一个个生命的奇迹。

王振义查阅医学文献

王振义还清楚地记得他用全反式维甲酸治疗的第一个患者。那是1986年，一个只有5岁的小女孩身患晚期急性早幼粒细胞白血病，出血严重，家人已经绝望了。王振义用新疗法对她进行了治疗，7天后，女孩的症状明显好转，1个月后病情完全缓解。几十年过去了，当年在死亡线上苦苦挣扎的小女孩已经长大，她健康活泼，过着正常的生活。王振义说："在首批治疗的24例患者中，完全缓解率达到九成多。这是我最感欣慰的。"

王振义很快将该疗法向国内外推广，此后世界各国都先后证实了这种疗法的效果。目前，联合应用全反式维甲酸、砷剂及化疗，急性早幼粒细胞白血病患者的5年存活率已高达95%，这种疾病成为第一种可以治愈的急性白血病。

一门四院士，培养顶级血液学才俊

王振义是一名成功的教师。他学识渊博，思维缜密，治学态度严谨。无论

王振义（中）悉心指导学生

是基础理论课，还是临床病例讨论，他精辟的讲解和分析都给学生留下深刻的印象。更重要的是，他的为人之道影响了一大批优秀的血液学专家。

卫生部原部长、中国科学院院士陈竺是王振义的学生。1978年，陈竺以专业考分第一名的佳绩成为王振义的硕士研究生，而王振义那年招的另一名研究生就是后来成为陈竺妻子和中国工程院院士的陈赛娟。陈竺夫妇不会忘记，是王教授手把手地指导他们进行血液病理生理的实验，耐心地为他们补习专业外语，和他们一起撰写论文。令他们意想不到的是，王教授每一次都坚持把他们列为论文的第一、第二作者，而把自己排在最后。当时年仅31岁的陈竺很快脱颖而出，陈赛娟亦获得了迅速成长的助推力。1984年，王振义力荐陈竺夫妇赴法国留学。1989年，夫妇俩学成回国，继续在王振义指导下工作，并最终开辟出一块令人瞩目的基因研究新天地。王振义说："我一直以这两名学生为荣，看到学生超过自己，这是当老师最大的欣慰。"

1995年，陈竺的研究日臻成熟，作为老师，王振义的高兴与自豪是难以言表的。此时的他并没有考虑名利的得失和地位的动摇，而是主动把代表中国血液学研究最高水平的上海血液学研究所所长的位置交给了陈竺。那一年陈竺42岁。曾有人问王振义当时的想法，他说："现代医学科技发展非常快，而我却越来越老了。如果我们不看到发展，还是用原来的方式管理这个研究所，用原来的学术水平领导这个研究所，肯定会走下坡路。陈竺非常有进取心，是世界一流的人才,交班给这样的学生,我放心。事实证明我当初的选择是明智的。"

在学生们的眼中,王振义是一位谦逊、豁达的长者,是一位严谨求实的学者,是一位爱才惜才的老师。中国科学院院士陈国强是王振义的另一位得意门生。回忆起当年王教授给他修改硕士论文的情形,陈国强依然感动不已。王振义时任上海第二医科大学校长,白天工作繁忙,只有利用晚上的时间修改学生的论文。他多次把陈国强叫到家里一起吃晚饭,一放下碗筷,师生两人就一头"扎进"论文。就这样,2万字的论文王教授先后改了10遍。多少个夜晚,多少次交流,老师的谆谆教诲深深地刻在陈国强的心中,老师甘为人梯的品格更时时激励着陈国强向更高、更险的医学高峰迈进。

"开卷有益"式查房

21世纪初,王振义自创了"开卷有益"式查房——

瑞金医院血液科每星期都会拿出一个真实疑难病例做课题,由学生提出问题,王振义进行现场查房,对疑难病例进行分析和答疑,与学生一起交流,并通过病例向学生介绍治疗思路与全球学界的最新进展。这种做法不仅培养了学生的诊断思路,也给患者带去了福音。如今,王振义仍然坚持这一教学传统。

虚怀若谷,不断钻研新知识

1950年,王振义的老师邝安堃教授在设备十分简陋的条件下,成功地研究了应激情况下肾上腺皮质的功能。王振义在参加该研究过程中受到了深刻的教育,即热爱科学,不断探索和进取,不计较条件,刻苦钻研。以后十多次调动工作,每次他都在新的岗位上孜孜不倦地学习,利用一切机会掌握新理论,提高自己的业务水平。甚至在20世纪90年代以后,他还虚心地向自己的学生——国外学成回国的陈竺和陈赛娟学习，钻研新兴的学科——分子生物学，并在较短的时间内熟悉了分子生物学等新知识和新理论。

洞察新事物、掌握新知识，靠的是对学无止境的自我鞭策。王振义70多岁开始学习计算机和网络技术。有一次讨论疑难病例时，他的诊断令与会的所有医师诧异——"分泌IgG淋巴浆细胞样白血病"，这是一个大家从没听说过的新名词。王振义直言他是在网上查阅到的，此型白血病仅有英国发表过一篇论文。他认为，这个病例的临床表现和实验室检查结合起来分析，就是此型白血病。果然，采用王振义介绍的治疗方法取得了很好的疗效。

王振义参加病例讨论

2002年，王振义指导的课题组在研究中发现有一个抗白血病药物的水溶性差，实验效果很不理想。听说郑州大学的专家在这方面有深入的研究，课题组决定向他们求教。按照常理，可以用电子邮件或是电话联系，即便是登门造访，请实际操作的年轻人去也无妨，当时78岁高龄的王振义却坚持亲自上门请教。

郑州大学接待的同志听了随行人员的介绍，怎么都不敢相信眼前这位朴素和蔼的老人就是大名鼎鼎的王院士，即使在验证了王振义的"中国工程院院士"证书后还是不敢相信，最后甚至请来曾经和王振义有过一面之交的老师来验证。其实他们并不是真的怀疑王振义的身份，而是真的很难相信，一位著名的医学家竟然会这么虚心地上门求教。这是一次愉快的合作，王振义的诚意打动了对方的专家学者，也令他的学生看到了一名科学家虚怀若谷、诚实谦逊的大家风范。

（上海交通大学医学院附属瑞金医院）

徐元森

三次跨越,急国家之所急

"科学工作者就应该研究国家的重大难题,做'开天辟地'的探索开拓。"

徐元森(1926—2013)

- 中国工程院院士
- 冶金和微电子学家,发明的大规模高速集成电路装备了中国第一台"银河"高速计算机,是我国集成电路事业的开拓者之一。

我高考时政治试卷中有一道题：我国研制的第一台"银河"计算机每秒运算多少次？没想到，20多年后，我竟然成了研制这台计算机的关键科学家——徐元森院士的博士生。徐先生1946年考上浙江大学时，想着将来开个小化工厂安身立命，所以学的是化学。后来，他多次调整研究方向，每一次都投身于国家急需的领域，每一次都结出了累累硕果。

解决冶金界两大世界难题

1950年7月，徐先生大学毕业，被分配到中国科学院上海冶金陶瓷研究所工作。其时冶金正是化学的主战场，徐先生在周仁、邹元爔等老一代科学家的带领下，参加了球墨铸铁的理论和应用研究，为新中国蓬勃开展的工业建设做出了重要贡献。

新中国建立伊始，国家迫切需要发展钢铁工业。内蒙古包头发现了储量极为丰富的铁矿，但含氟量高，冶炼时既危及高炉结构又毒害人畜，这是令全世界束手无策的难题。徐先生和同事摸清了氟在高炉内的变化规律，发明了既提高生铁质量，又减少氟挥发的冶炼方法。这些成果被冶金界专家称为"独一无二的开拓性工作，也是出类拔萃的成就"，分别获得国家自然科学二等奖和三等奖。

攀枝花的铁矿储量也非常大，但矿石中含有晶粒极细的钛磁晶石，冶炼时炉渣很容易变稠而堵塞炉缸，冷却后如同花岗岩一样坚硬，要爆破高炉才能清除。徐先生领导研究小组从探索高钛熔渣由稀变稠的机理入手，继而改造高炉结构，增加新的辅助装置，改进冶炼工艺，终于成功解决了含钛铁矿冶炼的世界难题。该成果获1977年国家发明一等奖。

为"银河"设计"心脏"

解决攀钢冶炼问题后，徐先生的研究兴趣悄然转移到另一个国家急需的新领域。当时设计超大规模集成电路已成为我国经济、军事等领域发展的瓶

徐元森与同事共同庆祝集成电路诞生 40 周年

颈。徐先生主动请缨,向上海市有关部门建议设立集成电路攻关小组。从 1965 年开始,他领导 120 多人的攻关小组,组织多家单位开展技术大协作。他自己则在电路设计、制版光刻、扩散工艺等领域深入探索,解决了重重技术难题,研制成功大、中规模集成电路 100 余种,投入生产后,获得了良好的经济效益和社会效益。

这期间,国防大学邀请徐先生合作,用他们发明的大规模高速集成电路装备了中国第一台亿次计算机"银河",使我国计算机速度首次突破每秒 1 亿次。现在我国的计算机速度领先于世界,达到每秒亿亿次,而徐先生参与制造的"银河"计算机可是这些"后生"的祖宗!这一集成电路技术获 1985 年国家科技进步奖一等奖,徐先生个人获 1979 年"全国劳动模范"称号。至此,徐先生成了一位声名显赫的微电子学家,实现了人生道路的二次跨越。

曾任中国科学院上海微系统与信息技术研究所所长的王曦院士曾评论说,在当时国家工业基础和实验设备落后的条件下,把芯片做平,没有彩虹反光,都是很大的技术难题。只有生物学背景的我颇感好奇,事后问起徐先生是如何解决的。他反问我:"这很简单,你知道世界上什么最平?"我说:"我知道什么最平,但关键是如何把这个平面转移到芯片上呢?"徐先生笑而不答,转移了话题。后来我问他的秘书才知道——那是个技术机密!

用芯片检测疾病

徐先生 1995 年当选中国工程院院士。年逾古稀的他再次调整研究方向，目光盯上了全新的微电子与生物交叉领域，想用芯片技术去检测人体 DNA 和蛋白质信息，特别是检测难以治疗的癌症的发病信息，实现癌症早诊断、早治疗，更多地挽救患者生命，提高患者的生存质量。

徐先生把生物医学领域大学课程和专业书籍几乎学了个遍。他很快认识到，在癌症上取得突破为时尚早，于是将切入点选定为肝炎和肺结核。他和同事很快研制成功系列检测诊断芯片，可以对这些疾病的患者进行细致分型，指导医生做个体化治疗，少用药，用准药。芯片投入生产后得到了市场的充分认可。很多人研究一辈子也做不出任何产品，更谈不上实际应用，而徐先生眼疾手快，将研究成果迅速打入市场。这也标志着徐先生在科研道路上再次华丽转身，实现三次跨越。

徐先生不断依据新的情况调整工作重点。生物芯片从最初的 DNA 芯片，发展到蛋白质芯片，再到微流控芯片，研究对象也从肝炎和肺结核转向肿瘤诊治。肿瘤诊治从何开始？从最难早期诊断、最难治疗的肺癌开始。肺癌患者从诊断到死亡一般不超过 14 个月，生存时间远低于其他癌症患者。癌症诊治是多少年来的世界难题，更不要说"癌中之王"肺癌了。徐先生鼓励我们："世界难题肯定不是一口就能啃得了的，慢慢来，啃一点是一点。"

最后的战斗

2011 年，徐先生 85 岁，我给他送了一张贺卡，祝他"过好八零后，争当九零后"。他很高兴，说："人最好无忧无虑，但是不可能。我有个长寿秘诀，那就是'健忘'。遇到困难，要有乐观的心态。老想不开，免疫力会低下，疾病自然找上门来。所以，要想健康和长寿，心态最重要。做科研也要多给合作者鼓励，别太为难人家，也要给别人好的心态。"

徐元森与夫人

记得我刚考上他的学生不久,他打电话找我说:"有个小姑娘是学生物学的,想找个实验室实习。人家求着我,我又推不掉,只好来求你啦。你看能不能到你们实验室来,你带带她?"我们所的安全管理一贯很严,我有些为难地说要跟主任商量一下,他说:"那好那好。小姑娘是复旦大学的,就麻烦你跟你们主任商量一下,也不要勉强,不要说是我介绍的。能来最好,不能来也不要紧。"后来主任同意接收实习,小姑娘报到的时候,我们才知道,她就是徐先生的孙女!

徐先生孙女来实习不久,有一天,我带她去徐先生办公室汇报研究进展。办公室的门开着,他正弯腰找资料,听到有人敲门,一抬头看见走在前面的孙女,轻声说:"哟,你这个小东西,不做实验,跑我这里来干什么?"语气充满了慈爱,眼神充满了和煦。以前我见到徐先生,一直不敢看他的眼睛。这之后我才发现,他跟我、跟其他学生和助手说话时都是语气和缓,眼神温暖,还带一份希冀。

在我做他学生的那几年,我看到徐先生花大量时间阅读资料,搜集科研最新信息,每次一到办公室,就打电话找助手和学生谈话,谈进展,谈设想,谈合作,谈文章,然后递给对方几篇文献,有时还加上一本书——他找每个人谈的内容都是有准备的,都是在精心培育他心目中的每一株苗木。

我是他最后一个学生,论文答辩后,徐先生终于休息了一段时间,可等他再回来的时候,就被诊断为疑似癌症,后来经专家组会诊,确诊为肺癌!我们都很担心他,而此时他的"健忘"帮助了他。我们每次探望他时,他总是很乐观,"我86岁了,也值了",接着就打开笔记本电脑,在病房里一如既往地为我们讲他新看到的科学进展和对下一步工作的设想……病房变成了他的办公室。他这样"健忘"地工作着,一直坚持到2013年3月27日。从住院到这一天,他度过了21个月,超出了肺癌患者平均生存时间的二分之一。这二分之一的时间,是他用"健忘"、用勇气、用对科学的热爱、用对后生的希冀所做的最后战斗而赢得的!

抽烟是肺癌的重要诱因,但我从没见徐先生抽过一次烟。后来拜访师母才得知,解决攀枝花铁矿冶炼难题是他一生中最为辛劳的时候,"烟抽得很多,人瘦了很多,每星期只回家一两次,拿好换洗衣服,饭都没吃就走了,天天跟工人们一起值班收集实验数据"。一位老科学家、徐先生昔日的同事也说,当时徐先生"天天熬夜在高炉前收集实验数据,烟抽得很厉害,烟瘾很大。但是,后来要做大规模集成电路了,工作环境必须超净,不能抽烟了,他立马戒掉。这种毅力不是一般人能比的"。

徐先生的肺癌,也许来自昔日的抽烟,也许来自炼铁高炉旁的有害气体、有害粉尘。也许,在他60年"研究国家的重大难题,要做'开天辟地'的探索开拓"的科研生涯中,病魔早就不知不觉缠上了他,只是他的身体和他的精神帮他赢了一场又一场战斗。

(翟万银)

王大中

为中国核能事业不懈创新

"我们国家正处在最好的发展时期,科技创新就是我们最主要的爱国方式。"

王大中(1935—)

- 中国科学院院士
- 国家最高科学技术奖获得者,他带领团队实现了我国高温气冷堆技术从跟跑、并跑到领跑的整体发展过程,为我国在先进核能领域逐步走向世界前沿奠定了重要技术基础。

60多年来,王大中的求索之路与我国的核能事业紧密交织在一起。从国家战略出发,他坚定地选择了自主创新先进核能技术的研发之路,带领研究团队从无到有,艰难探索,一股韧劲干到底,实现了我国先进核能技术的跨越发展。他说:"科研工作是一项崇高的事业,值得一辈子去追求和奋斗。但是科研如登山,过程往往充满着困难、挫折和风险。我个人体会,克服这种困难需要有悟性、勇气和韧性。"

挑战科研"无人区"

位于京郊燕山脚下的清华大学核能与新能源技术研究院的科研基地,同行和清华人称之为"200号",是高校最大的实体研究院和我国最早建立的核能研究基地之一。这里坐落着由清华大学自主设计的几座核反应堆,它们凝聚了王大中等半个多世纪的心血,是我国核能事业发展的重要见证。

我国在20世纪50年代末开始发展核能技术。1956年,清华大学成立了工程物理系,从校内抽调了一批优秀学生组建"物八班",其中就包括当时正在读大学二年级的王大中。

多年后,当回忆起自己的选择时,王大中说:"那时候,我们国家在这方面还是个'短腿'。之所以选择反应堆这一工程专业,是希望自己毕业后,能在这个领域为国家做一些贡献。"自那时起,王大中的求索之路就与我国的核能事业紧紧交织在一起,这一干就是60多年。

"建堆建人"的历练

1960年,王大中毕业留校,作为骨干成员投身到我国自主设计、建造的第一座核反应堆——屏蔽试验反应堆的建设中。当时,这个由清华大学师生组成的研究团队,成员的平均年龄只有23.5岁。面对17个供应系统、数千个机器零部件、几百台仪器设备、20万米管线……他们唯一可以参考的资料是国外同行留下的一张图纸。一切几乎从零开始。

凭着"初生牛犊不怕虎"的精神,王大中与团队其他成员一起,用"马粪纸"制作工程模型,用几十台手摇计算机进行数值计算,自力更生,奋力拼搏。经过整整6年的努力,我国自主设计的第一座零功率反应堆和屏蔽试验反应堆,于1964年在"200号"成功启动,顺利达到临界运行。

　　"当时遇到了很多困难,但也充分锻炼了我们知难而进、艰苦奋斗的精神。"在一次与清华大学学生的面对面交流中,王大中回忆道。他认为这段经历是一次"建堆建人"的历练。

　　对于反应堆的建成,王大中是当之无愧的"元老"。从反应堆物理设计,到零功率反应堆物理实验,再到反应堆热工水力学设计与实验,从做模型、挖地基、搬砖头到调试运行,王大中全程参与其中,逐渐成长为具有工程实践经验和战略思维的领头人。

安全是最高指标

　　王大中很早就意识到:安全性是核能发展的生命线,核反应堆研究必须追求"固有安全"。也就是说,在任何事故状态下,核反应堆都能不依靠外部操作,仅靠自然物理规律就可趋向安全状态。

王大中(左一)宣布5兆瓦核供热堆启动运行成功(1989年)

1981年,王大中被选送到联邦德国于利希研究中心做访问学者。其间,他从中国国情出发,选择了"模块式"中小型高温气冷堆的设计和研究课题。经过对100多个方案的计算、分析和比较,他提出了一种新型堆芯的概念,使这种模块式反应堆的单堆设计功率提高了一倍。仅用了21个月,王大中就以优秀成绩获得了联邦德国亚琛工业大学自然科学博士学位。1982年10月,王大中学成归国,不久便被任命为清华大学核能技术研究所副所长。

1983年冬至1984年春,在王大中的主持下,团队利用核能技术研究所原有的屏蔽试验反应堆,通过改建,进行了国内第一次低温核供热试验,并取得成功。1989年,在王大中及其同事的努力下,世界首座一体化壳式核供热堆——5兆瓦低温核供热堆在我国建成并投入运行。

当时联邦德国的核能总顾问弗莱厄博士评价:"这不仅在世界核供热堆的发展方面是一个重要的里程碑,同时在解决中国及其他很多国家存在的污染问题方面也是一个重要的里程碑。"

接着,王大中又带领团队进行了一系列的核供热堆综合利用研究,使我国在这一领域跨入世界先进行列。

科研要"跳起来摘果子"

"在目标定位上要'跳起来摘果子'。如果目标过高或过低,只能无功而返或达不到预期成果;'跳起来摘得着'才是适度的高标准。设法使自己跳得高一些,这样才能实现勇于创新与务实求真的结合。"这是王大中在科研生涯中格外强调的一点。

1994年,王大中担任了清华大学校长的职务,并兼任清华大学核能技术设计研究院总工程师。在研发高温气冷堆的过程中,王大中始终坚持自主创新。作为技术总负责人,他主持制订了10兆瓦高温气冷实验堆总体技术方案。该方案的一个核心关键技术是耐高温全陶瓷包覆颗粒球形核燃料元件,要将放射性裂变产物包容在直径不到6厘米的陶瓷燃料球中。这种燃料球可耐受1 600 ℃高温,为反应堆的固有安全打下了重要基础。

对于包覆颗粒这项核心技术,当时曾经有国外研发机构来兜售早期研发

王大中(中)在10兆瓦高温气冷堆临界现场(2000年)

的技术文档,但王大中始终坚持"核心技术的研发即便再难,也要咬牙坚持自己干"。最终,王大中团队经过20多年的辛苦付出,自主研发了这项核心技术。这对日后他们顺利建成高温气冷堆并开展相关工业转化,起到了至关重要的作用。

清华大学"200号"建造的第三座核反应堆——10兆瓦高温气冷实验堆,是王大中团队在低温核供热堆之后,在固有安全核反应堆领域的一大创新突破。模块式球床高温气冷堆的安全性好,发电效率高。王大中打造了一个具有固有安全性的反应堆的堆型,从根本上解决了核安全问题。

10兆瓦高温气冷实验堆于2000年年底建成临界,2003年1月正式并网发电。这是世界首座模块式球床高温气冷堆,它的诸多创新技术及固有安全性引起国际轰动,让我国的高温气冷堆技术达到了世界领先水平。

以科技创新报效祖国

60余载光阴,清华大学核能与新能源技术研究院从一无所有,发展成世界范围内先进核反应堆技术研发的重要基地。2020年度国家最高科学技术奖授

王大中接受采访

予了王大中,他感慨道:"国家最高科技奖是份沉甸甸的荣誉,它属于集体,属于所有知难而进、众志成城的'200号'人,也属于所有爱国奉献、努力拼搏的科技工作者。"

从实验室到工程化,王大中团队继续将中国自主创新成果推向世界前沿。2021年9月,建在山东石岛湾的高温气冷堆核电站示范工程1号反应堆首次达到临界状态,机组正式开启带核功率运行。这是我国拥有完全自主知识产权、世界首座具有第四代先进核能系统特征的模块式球床高温气冷堆核电站。

未来这座核电站的运行将带来每年十几亿千瓦时的发电量,并且能够减少90多万吨的二氧化碳排放量。在当今能源向低碳变革的新时代,这具有非凡的长远意义。而这些成果,与王大中数十年持之以恒地服务国家战略需求,自主创新、艰苦奋斗密不可分。

"我们国家正处在最好的发展时期,科技创新就是我们最主要的爱国方式。"这是王大中的心声。

(李泽齐　陈　安)

曾庆存

踏上气象科学最高峰

"温室栽培二十年,雄心初立志驱前。男儿若个真英俊,攀上珠峰踏北边。"

曾庆存(1935—)

- 中国科学院学部委员(院士)
- 国际著名大气科学家,国家最高科学技术奖获得者,为数值天气预报和气象卫星遥感做出了开创性和基础性贡献,为国际上推进大气科学和地球流体力学发展成为现代先进学科做出了关键性贡献。

家贫少年立大志

曾庆存1935年5月出生于广东阳江一个贫困的农民家庭。他曾在《和泪而书的敬怀篇》一文中提到自己幼时的生活:"小时候家贫如洗,拍壁无尘。双亲率领他们的孩子们力耕垅亩,只能过着朝望晚米的生活。深夜劳动归来,皓月当空,在门前摆开小桌,一家人喝着月照有影的稀粥——这就是美好的晚餐了。"

曾庆存生活照

虽然家境贫寒,但曾父曾母对子女的教育格外重视。一次,曾父在挑肥途中遇见当地小学校长。在得知曾家有适龄读书的孩子后,校长对曾父说一定要让孩子读书,曾父随即毫不迟疑将曾庆存的哥哥送入小学。由于曾父曾母每日在田间劳作,年幼的曾庆存在家中无人照顾,哥哥便带着他一起上学堂听课。曾庆存就这样以非正规的身份开始了学生时代,日日往返于田野和学堂。

1952年,曾庆存报考了北京大学物理系,被顺利录取。新中国成立之初,我国急需气象科学人才。曾庆存说:"有一件事我印象很深:1954年的一场晚霜把河南40％的小麦冻死了，严重影响了当地的粮食产量。如果能提前预判天气，做好防范，肯定能减少损失。"他自己经历过饥饿，深有体会，所以物理系安排一部分学生学气象学专业时，他坚决服从。在北京大学求学期间，曾庆存延续着幼时刻苦学习的劲头，4年寒暑假都没有回家，在校埋头苦读。

20世纪50年代，气象科学还处于描述性和半理论、半经验阶段，国际上的天气预报刚从经验性转向客观定量化。即将毕业的曾庆存到中央气象台实习时看到，气象预报员废寝忘食地守候在天气图旁，但由于缺少精确的计算，往往只能定性分析、判断和凭经验做预报。曾庆存下决心，要研究客观定量的数值天气预报，提高天气预报的准确性，增强人们战胜自然灾害的能力。

1957年，曾庆存被选派至苏联科学院应用地球物理研究所做研究生，师从国际著名气象学家苏联科学院通讯院士基别尔。苏联的研究生培养制度十分正规严格，曾庆存不仅在必须完成的课程上达到了全优，还自己选择了其他课程。他常常坐地铁到莫斯科大学去听数学课，去别的研究所听讲座和学术报告。这些都为他以新的视野进行气象学研究打下了坚实的基础。

由于他的数学、物理功底扎实，基别尔为他选择了一道十分困难、计算起来极其复杂、时人不大敢问津的世界著名难题作为他的论文题目，即应用斜压大气动力学原始方程组做数值天气预报的研究。"他把这个题目给我时，所有的师兄都反对，认为我不一定研究得出来，可能拿不到学位。导师不相信，还是让我选择了这个题目。"曾庆存说。

那也许是25岁的曾庆存遇到的极大挑战。当时世界上虽已有人尝试用动力学方法做天气形势短期预报，但都进行了很严重的简化，结果不能达到实用要求。因此，亟须在原始方程研究方面取得突破。

曾庆存苦读冥思，反复试验，几经失败，终于从分析大气运动规律的本质入手，想出了用不同的计算方法分别计算不同过程的方法，结果一试成功，最后只用了很少的计算机机时就把论文做完了。他提出的方法叫"半隐式差分法"，是世界上首个用原始方程直接进行实际天气预报的方法。该方法随即用于实际天气预报业务，至今仍在沿用。应用原始方程是一个划时代的进步，奠定了当今数值天气预报业务的动力学框架。

1961年，曾庆存在苏联科学院获副博士学位后立即回国，写下一首《自励》诗："温室栽培二十年，雄心初立志驱前。男儿若个真英俊，攀上珠峰踏北边。"

真实踏上祖国土地的那一刻,年仅 26 岁的曾庆存就向朝思暮想的祖国表明心迹:绝不辜负国家的培养,一定要在气象科学领域踏上世界最高峰。

矢志不渝攻难题

曾庆存回国后,苦于当时没有电子计算机,于是集中精力研究大气和地球流体力学以及数值天气预报中的基础理论问题。这在当时看来是十分抽象和"脱离实际"的,但后来事实证明,这对数值预报进一步的发展是十分必要和极为重要的。

曾庆存发展了可使大气和地球流体力学方程数值解法在理论上严谨,又可作大规模、长时效的高性能计算的数值方法。这些方法至今仍是世界数值天气预报和气候预测的核心技术,也是很多大规模、长时效数值模拟研究和高性能计算的主流算法。

曾庆存(中)在四川锦屏水电站现场指导

其专著《数值天气预报的数学物理基础》开创了大气和地球流体力学的数学物理系统理论,将气象问题、动力学理论和数学方法有机地结合起来,充实了数值天气预报的数学物理理论基础,获得了国内外学者的高度评价。该开创性工作还影响到数学界,吸引了国内外一大批数学家参与地球流体力学偏微分方程问题的研究。

为解决我国国防尖端武器试验的气象保障问题以及打破国际气象资料封锁,1970 年,曾庆存被调任为卫星气象总体组的技术负责人。他既要领导该组搞总体设计规划等研究,又要探讨气象遥感的基本问题。其间他的兄长因重病要动大手术，需要照顾和护理，他自己生病还得奔波出差，无奈只能把妻子和幼子送到贫困的农村老家。面对工作和生活中的重重困难，他没有退却，终于解决了大气遥感的基础理论问题。他提出求解遥感方程的有效的"反演算法"，该算法成为世界各主要卫星数据处理和服务中心的主要算法。

为进一步服务国民经济，曾庆存20世纪80年代起致力研究跨季度气候数值预测以及集卫星遥感、数值预测和超算为一体的气象灾害防控。1994年，他建立了世界上第一个实际应用的短期气候预报系统。曾庆存还创立了自然环境自控和人工调控的新理论——自然控制论。他在世界上最早提出要建立"气候和环境生态的动力学"模式，提出建模和机理研究方法。

曾庆存将空间遥感、超算、大气科学与防治气象灾害紧密联系起来进行研究，取得了重要的成就。为表彰他的重要贡献，世界气象组织授予他最高奖——国际气象组织奖。

不忘师恩育后生

已在科学界赫赫有名的曾庆存从未忘记来路。曾庆存对曾经教导过、帮助过他的老师和前辈，总是怀抱着一颗感激和崇敬的心。如今，曾庆存已桃李

曾庆存在国际工业与应用数学大会作报告（2015年）

满天下。他言传身教、诲人不倦,为我国气象事业培养了一批又一批优秀研究生和青年学者。这些人中的大部分已经成为国家大气科学研究及业务领域的骨干和顶尖人才,其中包括3位中国科学院院士、2位中国人民解放军少将、1位中国气象局副局长和不少学科带头人。曾庆存还为发展中国家培养了多位留学生,其中古拉姆·拉索尔为中国科学院培养的首位外籍博士,回国后任巴基斯坦国家气象局局长。

曾先生自身低调谦虚,在科学上却是高标准、严要求。他时常教导学生要甘坐"冷板凳",要有"十年磨一剑"的精神。经过曾庆存修改的学生论文,一般都会密密麻麻地布满他亲笔写下的意见,甚至还有加页。在他的指导下,学生完成和发表的论文往往是经得起时间考验的精品。

曾庆存在《帝舜〈南风〉歌考》一文结尾作的一首诗,充分反映了他爱祖国、爱科学的情怀以及对青年科技工作者的勉励和期望:"季风兮民康物阜,中华文化兮灿烂婀娜。继往开来兮中华学子,发扬我炎黄德智兮,永据科技之先河!"

(中国科学院大气物理研究所)

汪品先

追梦"蓝色国土"

"希望我能看见我们的国家真的变成世界海洋科学的引领者。"

汪品先（1936— ）

- 中国科学院学部委员（院士）
- 我国古海洋学的奠基人，我国海洋领域的战略科学家，我国南海深海科学研究的开拓者。

汪品先院士正直敢言、快人快语、个性鲜明，是我非常敬重的院士之一。汪院士极其热爱海洋，热爱自己的研究，他的这种热爱似乎具有温度和力量，深深感染周围人。他的脸上常常浮现着对事业的执着、忧虑以及对科研攻关的紧迫感，因为海洋研究与政治、经济、科技、文化等方面有千丝万缕的关联，交织着各种复杂敏感问题。他一有机会就不遗余力地呼吁人们要重视海洋问题、发展海洋科学，要建立国家的海洋战略，哪怕是在他很简短的话语中，我也分明能听到一种睿智的声音和来自思想深处的洞察力。汪品先院士把毕生的心血和精力都奉献给了海洋科研事业，如鱼得水般畅游于海洋科学中，带领科研团队充满自信地驶向科学的"深海大洋"。

"中国觉醒了"

汪品先天资聪颖、勤奋好学。由于成绩优异，1955 年，19 岁的他被派往苏联留学，到莫斯科大学主攻地质学。这门学科对寻找矿产资源和石油具有实用价值，刚成立的新中国急需专业人才。

20 世纪 50 年代的莫斯科大学群英荟萃，两星期一次的名人学术报告雷打不动。各个领域的科学家纵横才学、汪洋恣肆，汪品先跟随大师的思路精骛八极、心游万仞，开阔了眼界和思路。在莫斯科大学，汪品先受到了良好的科学训练，打下了坚实的科研基本功。这段经历对汪品先的科研可谓影响深远。

1960 年，汪品先学成归国。后来，上海开始在郊区寻找天然气。汪品先和同事们迅疾行动，赶到钻井现场，选择了几块中意的岩芯，拿回来在显微镜下一看，竟有微体化石。就这样，汪品先"邂逅"了海洋中的微体化石，迈出了探索的第一步。出于国家对化石燃料储备的需求，1972 年，汪品先和同事们开始着手分析海洋中的钙质微体化石，以探明石油储藏状况。汪品先在极其简陋的条件下开始了他的科研工作。在一个墙外是垃圾堆的废弃车间里，他度过了漫漫寒冬。最初他用搪瓷饭碗在厕所龙头下淘洗海底沉积样品，还要和一台很难对焦的显微镜"做斗争"，书架上最重要的参考书是苏联的《古生物学大全》。汪品先就是借助这套"工具"，如集邮迷研究邮票般，先后鉴定了从中国近海取出的数万枚微体化石。他深深地迷上了这些微体化石，因为它们是通往地球远古的"窗口"。

1980年,汪品先主笔的《中国海洋微体古生物》论文集正式出版,此后又被翻译成英语。当时,中国的海洋地质科学在境外几乎不为人知,正是这本书加强了中国海洋科学和国外研究的沟通。"中国觉醒了!"法国一家刊物发表此书述评的第一句话开宗明义。国外同行眼前一亮,对这一成果好评如潮。十多家媒体竞相介绍这一用国际眼光勾画出的我国陆架浅海微体化石分布图。

"为这筒岩芯,我等了三十多年"

20世纪80年代中期,微体古生物化石研究不断取得进展时,汪品先凭着科学家独特的敏锐清醒地认识到,微体古生物研究只是"工具",不是海洋科学研究的目的。真的了解海洋,要从低层次的"集邮迷"转变为追寻原因、探索机理的自然界"侦探",从"雕虫小技"转而研究全球重大科学问题。

汪品先(左)和同行采集海底岩芯样品(1999年)

20世纪90年代,中国国力逐步增强,中国专家不断呼吁:不能再重陆轻海,中国必须加强海洋研究,尽快加入国际大洋钻探计划。可是,提交什么样的建议才能打动国际专家们?事实上,汪品先早就未雨绸缪,考虑钻探计划的具体内容。经过慎重考虑、反复讨论，他抓住了中国背靠青藏高原、面迎东亚季风的特色。1995 年，汪品先等向国际大洋钻探学术委员会提交了"东亚季风在南海的记录及其全球气候意义"的建议书。在 1997 年度国际大洋钻探学术委员会的全球建议书评审中，该建议书获第一名，被优先列为国际大洋钻探航次。

1999 年，钻探船驶向中国南海，汪品先被邀请担任这个编号 184 航次的首席科学家，这是中国海的首次大洋钻探航次，也是第一次由中国人设计和主持的大洋钻探航次。3 月初，南海终于开钻了。美国船长下令：钻探船上升起五星红旗。很快，第一筒岩芯取了上来，稳稳地躺在甲板上。"咔嚓、咔嚓"，各国科学家纷纷对着岩芯按起了闪光灯。一位英国科学家走到汪品先面前，问："为这一筒岩芯，你等了多少年？"

汪品先沉默了片刻。"三十多年。"他抑制着内心的激动，平静地告诉这位英国同行。是啊，三十多年哪！从用搪瓷碗淘选微体化石开始，就盼着这一天哪！

这一航次最终在南沙和东沙深水区 6 个站位钻井 17 口，取得了高质量的连续岩芯 5 500 米，实现了中国海区深海科学钻探零的突破，为南海演变和东亚古气候研究取得了 3 200 万年的深海记录，标志着我国这一领域已跻身于国际先进行列。汪品先领导的项目组先后完成了 30 多种项目的 6 万多次分析，经过数年的深入研究，建立了西太平洋区最佳深海地层剖面图，第一次为亚太地区的环境演变取得了系统的高质量海洋记录；揭示了热带过程在碳循环及气候演变中的作用，为未来气候演变趋势提供了重要依据；取得了东亚季风演变的深海记录，首次在长时间尺度上实现了东亚季风历史的海陆对比；取得了南海演变的沉积证据，使人们对南海形成的格局更加清晰。

驶向深海大洋

在政府的支持下，在汪品先的领导下，同济大学和兄弟单位的团队在上海东南的小衢山岛屿附近建立了海底观测站，连续记录着海洋的重要特征，包括温度、盐度和沉积速率。汪品先希望，最终能在南海海底建立起类似于美国和加拿大的深海观测网，从海底来了解海洋。2011 年，国家自然科学基金委的"南海深部过程演变"重大研究计划正式启动，总经费 1.5 亿元，为期 8 年，由

汪品先(中)在意大利西西里岛考察(2005年)

汪品先担任指导组组长。这是迄今在我国海洋基础科学研究中规模最大的一项计划,也是汪品先等众多科学家多年推动的结果。

当前我国海洋科学事业蓬勃发展,与汪品先多年前在那个寒冷的车间里的辛劳相比,已有了天壤之别。但有多少人知道,他为了中国的海洋事业付出了多少?这么多年,他除了除夕晚上陪同家人看一会电视,其他时间几乎都奉献给科研;他习惯了出差归来直奔实验室,总是不知疲倦似的推进着科研工作;他坚持为研究生上"地球系统科学",每次讲课的PPT都亲自准备,在其中融入最新的研究动态;他很少有时间照顾家庭,家里事务都由夫人孙湘君教授担当,而且他们夫妇俩为了各自的事业曾经度过了近40年"牛郎织女"的生活……

这些看上去有些琐碎的细节,却蕴含着一种巨大的力量。汪院士的学生们也传承着老师的坚持和理想,为此才华横溢的年轻海洋学家王律江博士在南海科考中献出了宝贵的生命。此刻,我不知以怎样的语句结束这篇小文,万千思绪将我带到了海边,让我们一起眺望那蔚蓝的大海,去感受浩瀚海洋熔铸起的不朽的科学精神……

(包静砚)

院士微讲坛

海洋文明与创新精神

与欧洲"地理大发现"截然相反的是我们的大陆文明。明朝长期实行"海禁",自毁水师、闭关自守,掉入了封闭停滞的历史陷阱。大陆文明保守主义的恶性膨胀,至今仍是我们思维创新的大敌。正如竺可桢所说,我国古代"重农抑商,农业社会势力大,求知之心不得发达,而科学思想亦无从发展"。历朝历代的读书人只知道"代圣贤立言",丧失了独立思考的能力。这种千年思想束缚的"后遗症"至今犹在,成为阻挠思维创新的"癌细胞"。这也是我国科技发展虽然迅速,但创新能力严重不足的重要原因。

因此,建设海洋强国不但要发展海洋科技,还要弘扬海洋文明的创新精神。这绝不是说,海洋文明整体上比大陆文明优越。大陆文明以族群作为社会基础,要求尊重权威;海洋文明以个人为基础,主张自由发挥。前者强调族群间的和谐甚至融合;后者突出族群的差异,倾向于争斗。因此,这两类文明各有优缺点。

然而,科学创新要求有好奇心、有探索的勇气,也要求思想活跃、敢于挑战前人,这正是海洋文明的优势。百余年来我国引进"西学",着眼点往往在技术层面,以期"以夷制夷",却忽视了精神层面,对于海洋文明所蕴含的创新思维不但引进不多,甚至谈不上真正的理解。现在,我们需要通过历史的反思和文化的比较,认识两大文明的优缺点,深入理解创新文化的精髓,吸收海洋文明中的创新和开拓精神。我们需要在重视海洋科技发展的基础上,进一步弘扬海洋文明,将我们大陆文明的传统和海洋文明的探索精神相结合,形成新时代的"海陆兼备"的文明。

(节选自汪品先著《从海洋科学到海洋文明》,原文刊载于《科学画报》2023年第八期。)

杨雄里

在脑科学领域上下求索

"我感到荣幸的是,在中国神经科学发展的每一个阶段,我都和同事们一起在祖国的土地上耕耘。"

杨雄里(1941—)

- 中国科学院学部委员(院士)
- 神经生物学家,生理学家,《辞海》副主编,"中国脑计划"的主要倡议者和推动者之一。

在艰难岁月中自我磨炼

孩提时代的杨雄里是个聪明而贪玩的孩子,小学的成绩只在中上。上中学后,杨雄里渐渐成熟懂事,除各门功课都很优秀外,他对文学和科学产生了浓厚的兴趣。课余,他博览中外名著,打下了扎实的文字功底。此外,他还常阅读科普著作和期刊,渐渐发现了科学蕴含着探索未知世界的无穷魅力。

"如果说20世纪是物理学世纪的话,那么毫无疑问,21世纪则是生物学世纪。"科学家的这一预言,使杨雄里最终选择攻读生物学。1958年,他考入上海科技大学生物系,最初两年在上海第一医学院(现复旦大学上海医学院)学习基础课程。之后,他进入了中国科学院上海生理研究所(现中国科学院上海生命科学研究院),跟随刘育民教授从事视觉研究。1960年,他被派至长春光学精密机械学院(现长春理工大学)应用光学专业学习光学。

在长春的两年对他的成长极其关键。寒冷和饥饿的严峻考验锻治了他的意志。他不畏艰难,保持了高昂的学习热情,坚持进行每天十余小时的高强度学习,不仅在专业考试中取得全优的成绩,而且自学了英语和德语。他突出的学习成绩和外语水平至今仍为当时的同学津津乐道。

在那段艰难岁月中磨炼的刻苦、严格的生活习惯一直保留至今,使他对前进道路上的任何困难都无所畏惧。即使是在"文革"时期,当杨雄里朦胧地感到科学梦似乎就要破灭了的时候,有一种直觉和信念却变得愈发清晰:知识总是有用的,要坚持下去,绝对不要放弃。

他继续沿着既定的学术之路前进。他未放弃专业学习,并开始自学法语和日语。在"文革"中后期,他所参与的"灯光诱捕海水鱼机理"的研究和"中国人标准眼"的研究,为他在十年浩劫后的崛起奠定了工作基础。资源有限,时间有限,他走得十分艰辛,但他没有停顿。当"文革"结束,改革的春风终于吹进了科技殿堂时,杨雄里已经准备好了。

聚焦视网膜研究

从 20 世纪 70 年代开始，杨雄里就一直聚焦于视网膜信息加工机制的研究。视网膜实际上是中枢神经系统的一部分，是脑的简化模型，常被称为"外周脑"。而且，视网膜的神经细胞类型比较简单，排列有序，为科学家揭示脑的基本工作原理提供了一个很有价值的研究标本。

杨雄里在学术会议上演讲

1980 年，杨雄里被选送至日本国立生理学研究所进修。他在独特的保持完好血液循环的标本上，应用微电极细胞内记录技术，对视网膜水平细胞接收光感受器的输入信号及其相互作用进行了细致的分析，在《视觉研究》等杂志发表了系列论文，引起了国际反响。他在论文中提出的关于水平细胞接收光感受器信号的模型，被引入专著《眼生理学》。鉴于他论文的高水平，以及他出众的"语学"能力（他的论文写作和答辩均娴熟地用日语完成），1982 年 2 月，静冈大学、国立生理学研究所在他提出申请后仅半年即联合授予他学术博士学位。

1985 年，杨雄里赴美国哈佛大学生物学实验室美国科学院院士 J•道林教授处工作，研究鱼视网膜接收视锥细胞信号的水平细胞在长时间暗适应后对光的反应性受压抑这一新现象，发表了三篇重要论文。1986 年底，他作为访问教授南迁至贝勒医学院,与吴淼鑫博士合作,研究外层视网膜环路的信息传递和调控,在《科学》《美国国家科学院院刊》上发表了多篇论文。

1987年6月,在冯德培院士鼎力推荐下,中国科学院任命杨雄里为生理研究所所长,他成为当时中国科学院最年轻的所长。此后,他主要在祖国的土地上耕耘。他以"视网膜中信息传递、调控及其机制"为主题,应用多学科技术,在整体、细胞、分子等多个层面上进行分析研究,取得了一系列成果,产生了广泛的国际影响。美国国家卫生研究院(NIH)专家委员会对他的基金申请评论道,杨雄里"对视网膜功能做出了具有根本意义的贡献"。他应邀为国际著名杂志撰写长篇综述,并多次在国际会议上作大会演讲。

杨雄里特别注意基础研究和临床问题的紧密结合。他的研究组在青光眼、糖尿病视网膜病变、近视眼等眼科主要疾病的发病机制等方面开展了系统的研究,并取得了若干重要的成果,逐渐形成他的实验室的一个重要研究方向。

为中国"脑计划"呐喊

杨雄里从20世纪90年代起就作为首席科学家牵头"七五""八五"攀登计划和973项目。进入21世纪,脑科学在自然科学领域中的地位日趋重要,美国、日本和欧盟等相继推出了各自的"脑计划"。杨雄里等一批中国科学家以不遑多让的历史使命感,大力呼吁推出中国"脑计划",并期待通过我国脑科学研究的跨越式发展,回应西方发达国家在这一领域的强势出击。在他们的推动下,我国的"脑科学和类脑研究"被列入"十三五"规划纲要中的国家重大科技创新和工程项目。

杨雄里认为:中国的脑科学计划应建立强有力的领导核心,在有限的人力、物

杨雄里是最早呼吁推出中国"脑计划"的科学家之一

力支持下,在较短时间内形成研究特色和优势,并要谋划长远,走可持续的发展道路;同时,还应加强以脑科学为基础的人工智能研究,开展以应用和产业为导向的协同创新,这或将引发新一轮产业革命。

"我是一个平凡的人"

按杨雄里自己的话讲,他只是一个中等天分的人。他说,我实在平凡,唯有几十年如一日的勤奋值得我骄傲。他认为:"天才也许有,但我们绝大多数人并非天才,因此,不能期待机遇和成果的意外降临。智慧的花朵是要靠含辛茹苦的努力方能撷取的。"他的成功在于他在任何艰难困苦的情况下对事业坚定不移的信念和追求。这是一种精神的力量。

杨雄里出席冯德培铜像揭幕式

他对老师们怀着深深的敬意。2011年在脑功能和脑重大疾病的国际讨论会上作主旨演讲时,他深情回顾了我国神经科学发展的艰辛历程。他把前辈比作科学上的殉道者,称他们是中国社会的脊梁和英雄;他对青年科学家给予了高度评价并寄予厚望。他的演讲引起与会者的强烈共鸣,演讲结束时全场起立长时间热烈鼓掌。

杨雄里无疑是一名享有国际声誉的中国生理学家。冯德培院士曾评价:"他作为一个优秀的生理学家,在国内已有公认的地位与一致的评价;在国际上,也有了定论。我所认识的各国生理学家在不同的场合对我说,杨是一个优秀的人才。"国际生理学会(IUPS)和国际脑研究组织(IBRO)前主席伊藤正男在推荐杨雄里为亚大生理学联合会(FAOPS)秘书长时称:"您被认为是最受尊敬的现代中国生理学家。"尽管如此,他仍然告诫自己:"我是一个平凡的人。"他经常用培根的名言提醒自己:"你所追求的目的,不在荣誉而在事业;你的成功得自幸运,并非你的优异。"

(包静砚)

院士微讲坛

探索心智的奥秘

如果把认识心智的奥秘比作对新大陆的探索,那么我们已经看到的还只是新大陆周围星星点点的岛屿,真正的新大陆还是一片广袤无垠的陌生之地。这当然不仅是因为心智所涉及的是散布在不同脑区的多个神经回路的协同活动,更是由于对心智的研究具有"自我指涉"(self-referential)的特点(即研究的问题涉及研究者的主观意识),这就使客观事物所显现的表象往往是易变的,难以捉摸。

还有一点需要指出:人的心智有不少(如语言)是人类所特有的,一些心智(如学习、记忆)虽然动物也有,但与人类的有明显差异。这就是说,对于心智的研究,在许多情况下缺乏合适的动物模型,而合适的动物模型对阐明心智活动的细胞和分子机制是至关重要的。没有模型,细胞和分子水平研究的进行就很受限制。因此,心智研究固然有其特殊的意义,但是我们还严重缺乏能触及这些问题核心的技术、手段、方法。坎德尔说的好:"心智的生物学研究并非只是前景远大的科学探索,也是一种重要的人文方面的追求;它架设起自然科学和人文科学间的桥梁。这是一种新的整合,其成果不仅将使我们更好地认识神经精神疾患,也将加深对我们自身的了解。"心智研究的这一特点决定了它将沿着一条漫长而崎岖的道路前进。

　　(节选自杨雄里著《脑科学的未来》,原文刊载于《科学画报》2023年第八期。)

林尊琪

"神光"赤子

"一个人的时间和精力是有限的,我全部的人生已经交给了国家的激光聚变事业。"

林尊琪(1942—2018)

- 中国科学院院士
- 高功率激光技术专家,高功率激光物理学家,863计划激光驱动器技术专题负责人,"神光Ⅱ"装置建设的技术总负责人。

"油灯已经接近耗尽,但我的任务尚未完成。我必须有信心,做我自己应该承担的任务,决不能消极对待。直到最后一刻!"这是林尊琪院士在生命的最后日子里写下的。他当时已在医院住了不少日子,这段话被他顺手写在记录服药方法的记事本里。这次住院是他远离工作最长的一次,因此只要有人来探望,就算说几句话得歇息好久,他也要详细询问实验室里的点滴进展。

2018年5月28日,林尊琪院士与世长辞,享年76岁。

追求卓越,毕生精力铸就"神光"

中国科学院上海光学精密机械研究所(简称上海光机所)高功率激光物理联合实验室里,横卧着半个足球场大小的大型激光装置。在十亿分之一秒的瞬间,其迸发的能量相当于全球电网的数倍。在自然界中,类似的物理条件只有核爆炸中心、恒星内部或是黑洞边缘才能找到。这个被誉为"人造小太阳"的科学装置被形象地称为"神光"。

让林尊琪院士毕生聚能的,就是这台庞大、复杂的国之重器。他就像为它而生,无穷无尽地燃烧着自己的一颗赤子之心。在病榻上的最后日子里,他心心念念的仍是"神光"。

林尊琪(左一)与同事讨论工作

1942年，林尊琪出生于北京。1964年，他毕业于中国科学技术大学无线电系，被分配至上海光机所工作。当林尊琪第一次走进上海光机所，与同样年轻的上海光机所凝神相对时，也许并没有想到，自己将在这里释放余生的所有光辉。

林尊琪的父亲林治远是我国首批工程设计大师之一，他是天安门广场升起的第一面五星红旗的旗杆设计安装者，曾在开国大典中站在毛泽东主席右侧为升旗过程保驾护航。耳濡目染中，为祖国、为人民做贡献的理想从小在林尊琪心中扎根。

20世纪60年代，国际物理学界普遍将激光技术与核物理相结合，研制可控激光聚变装置，我国也紧随其后。面对发达国家的技术垄断与设备禁运，王淦昌、王大珩、于敏等老一辈科学家身先士卒，率先开拓了我国激光惯性约束聚变(ICF)研究的新局面。钱学森曾说："你们的事业是在地球上人造一个小太阳。"而林尊琪是承上启下的关键一环。

1980年，林尊琪赴英国的卢瑟福实验室深造，专攻惯性约束聚变专业。作为这个实验室里唯一的中国人，他用3年的苦读与钻研，为回国参与"神光"高功率激光系列装置的研发奠定了深厚的理论和实践基础。

在研制"神光Ⅱ"多功能光束系统时，林尊琪不循规蹈矩，创造性地提出了使用非球面透镜作为空间滤波器的输入透镜的方案。当时国内尚无先例，国外也鲜有报道，大家对此有很多不同意见和质疑，而且该透镜的加工难度高，实际应用的结果谁也无法准确预计。在多次讨论和争执中，林尊琪耐心地说服大家。最终实验测试结果表明，该类型透镜可以很好地解决大口径高通量激光的传输问题。它也成为后来各型大型激光驱动器采用的技术要素。

林尊琪在50余年的科研生涯中，始终着眼国家需求，勤恳敬业，勇挑重担，在我国高功率激光驱动器发展历程中，解决了一度制约驱动器研制进展的一系列科学技术难题，实现了我国高功率激光驱动器研制能力的重大跨越，使"神光Ⅱ"系列装置成为我国惯性约束聚变实验研究的重要平台，许多性能达到世界先进水平。他的一系列原创性工作，奠定了我国新一代高功率激光驱动器技术的基础。

高瞻远瞩，领导部署自主技术

在关键领域下功夫，改变核心技术受制于人的局面，这是林尊琪一生积极践行的战略思想。

林尊琪坚守一线

"不支持国内产品，质量怎么可能赶超国外？"在大家的印象里，这是好脾气的林院士第一次大嗓门。在研制大口径磷酸二氢钾 KDP 晶体时，为了打破美国的技术禁运，林尊琪开创性地让山东大学和中国科学院福建物质结构研究所竞争，协同开展研究，在短短一年之内就解决了该晶体生长的难题。

在领导 863 计划激光驱动器技术以及器件专题组时期，针对西方国家公然撕毁关键器件合同的情况，他花大力气推动大口径晶体的生长与加工、钕玻璃加工技术、光学元件镀膜以及光栅刻蚀等我国高功率激光装置不可或缺的原材料与单元技术的自主创新。如今，这些元器件已完全摆脱了对国外技术的依赖，部分性能达到国际领先水平，该领域成为我国最不怕西方国家"卡脖子"的领域之一。

在林尊琪病重住院期间，他的学生周申蕾向他汇报工作，说到某一器件想用国外产品时，林尊琪生气地说："你们要帮助国内的上下游企业一起成长！"

他忧心的是,我国的激光企业大多数属于民营企业,规模较小,没有掌握核心技术。"这等于我们的脖子完全卡在别人手上。"林尊琪说,"国内激光企业必须加快自主研发,迎头赶上国际先进水平。这样我国激光技术的核心产业才不会受制于外国。"

2016年,身体健康每况愈下的林尊琪收到广东某企业的邀请函。二话没说,林尊琪拖着疲惫的身体去了。周申蕾问他:"这企业没一点核心技术,您为什么非要去呢?"林尊琪长叹一口气:"这家企业市场基础很好,我希望它能在核心技术研发上再多投入些,最终能有所成就啊!"

2018年2月,已卧倒病榻多时的林尊琪思量再三,口授了一封长信,并亲笔签下名字,送往国家有关部委。信中言辞恳切:聚变点火研究的国际现状为我国带来了机遇与挑战,建议国家抓住时机,充分发挥"神光Ⅱ"多功能激光装置综合平台优势。

林尊琪的办公室挂着一幅书法作品:"但使龙城飞将在,不教胡马度阴山。"在整理他的遗物时,他的学生范薇发现林尊琪从2013年开始着手激光等离子体的研究,他要从物理源头入手,寻找"神光"装置的新突破。"我看到整整11大盒整理好的文件,全部都分门别类做好标记。"她说,那是他给新招收的博士生准备的资料。

淡泊名利,心系家国敬业忘我

林尊琪的世界里,有科学,有学生,有国家,唯独没有他自己。

同事们说,林尊琪就是因为"太操心"而积劳成疾的。长期压力巨大的工作,给林尊琪的健康带来了伤害:他的免疫力直线下降,疱疹、白癜风在他的脖子上留下了永远的白色"记号"。知道患上了间质性肺炎后,他担心留给自己继续攻关的时间不多了,常常夜不成眠,只能靠吃安眠药入睡。2018年2月底,林尊琪住院期间高烧昏迷,上了呼吸机,敷着冰袋,可他嘴里还念叨着"激光器""数百毫焦"……

2003年,林尊琪当选为中国科学院院士后,很多单位发来了工作邀请,他一一婉拒了。他说:"一个人的时间和精力是有限的,我全部的人生已经交给

林尊琪在办公室

了国家的激光聚变事业。"

从单位到家,大约3000米。十多年的光阴里,一辆二八式自行车是林尊琪不变的"座驾"。"这个习惯一直保持到2012年左右,终因他骑车摔跤,在众人的劝说下他才不得不放弃。"高功率激光装置行政主管陈冰瑶回忆,"有一年生日,学生们给他买了一辆新自行车,林院士喜欢得不得了,但过后,他坚持把钱还给学生。"

林尊琪先后培养了40多位硕士和博士研究生,桃李满天下。2002年以后,林尊琪把实验室副主任的岗位让给了年轻人,对于比较成熟的技术,他让年轻人自由发挥。他一直强调"研究成果是集体智慧的结晶,要依靠团队",遇到项目申报,总把自己的名字抹去或往后挪。唯一有一次,他提出要当联合实验室总工程师,那是为了更好地协调资源,实施关键技术攻关。

"干惊天动地事,做隐姓埋名人",正是林尊琪院士的写照。林尊琪院士在科研事业上的无比坚定、在名利诱惑前的无比淡泊、在日常生活里的无比亲切,铸就了这样一个能在每个人心中永远鲜活、永不褪色的形象。鞠躬尽瘁,毕生热血铸"神光";求真唯实,丹心宏志照后人。他是科研工作者的精神之碑,将永远与中国的高功率激光事业共存!

(中国科学院上海光学精密机械研究所)

褚君浩

在红外物理前沿积累创新

"如果研究的东西是国家所需的,也是科学发展所需的,那么做科学研究的成就感就会更大。"

褚君浩(1945—)

- 中国科学院院士
- 红外物理学家、半导体物理和器件专家,我国培养的第一个红外物理博士,以他和其他两位科学家的名字命名的C(褚君浩)X(徐世秋)T(汤定元)公式,至今广泛应用于红外领域。

褚君浩习惯把做科研比喻为挖井——在研究过程中要抓住切入点，就像挖井要选好地点，然后就一心一意、踏实勤恳地去探究，直到挖出水来。他自己在物理学研究道路上的求索经历也确是如此，认定目标，矢志不渝，绝不轻言放弃。

钟情物理，少年时打下坚实的基础

少年时，褚君浩对自然现象抱有强烈的好奇心，上初中后他自然就喜欢上了物理学。物理学对客观世界的规律做出的深刻揭示，包含的关于自然现象的科学思想方法体系，令褚君浩为之感叹、着迷。对物理学的情有独钟，促使他不断地去阅读课外书籍，尤其是原子物理学、天文学。虽然当时并不能完全理解，但他还是认真地做了不少笔记，进一步加深了对物理学的兴趣。

阅读不断引领着褚君浩探寻科学的神奇，从物理学到人物传记、科学史以及科学哲学，他的视野不断拓宽。《科学家奋斗史话》《居里夫人传》《相对论ABC》《物理学的进化》《科学研究的艺术》和《科学与社会》等图书，以及《科学画报》《科学大众》等科普杂志都是他爱不释手的读物。他自由地遨游在字里行间，沐浴着知识的春风雨露，一步一步走向科学的殿堂。

1962年高考，褚君浩立志非物理系不报，一口气填报了复旦大学、华东师范大学和上海师范学院的物理系。那年，他物理取得了满分，但因为语文作文审题有偏差考砸了，只能与理想中的复旦大学物理系失之交臂。但进入上海师范学院学习，依然令他很高兴，毕竟学的是他钟爱的物理学。大学的学习为褚君浩日后的学术研究打下了重要的坚实基础，广袤无垠的物理学殿堂吸引着他大步前进。

继续深造，老师引导他领悟科研真谛

大学毕业后，褚君浩开始了长达10年的教师生涯。在哪里工作，褚君浩并不太在乎，他在乎的是依然能研究钟爱的物理。"文革"期间褚君浩也没有放松对物理学的钻研，并在复旦大学物理系殷鹏程老师的指导下，与一批志同道合者参加了一个关于基本粒子的讨论班,还写了很多科普、自然辩证法方面的文章,出版过科普读物。回顾这些岁月,褚君浩心存感激:所受到的种种磨炼不仅培养了自己的组织能力和表达能力,更让他切身体会到,科学不仅需要兴趣,还需要艰辛的探索和循序渐进的执着努力。

机会垂青有准备的人。1978年,科学的春天来了,我国恢复了研究生制度。著名材料学家严东生先生很赏识褚君浩的勤奋钻研,鼓励他报考研究生,并向中国科学院上海技术物理研究所写了推荐信。严先生的推荐对于褚君浩是非常振奋的鼓励,而当时上海高校拟从中学选拔一批优秀教师到高校任教,褚君浩的名字也赫然在列。是读研究生,还是当大学老师?对物理研究的热爱让褚君浩没有半点犹豫,毅然选择继续深造。他要站在更高的地方领略物理学向人类昭示的美好。

于是,褚君浩成了中国科学院上海技术物理研究所第一届研究生,师从中国科学院院士、我国半导体科学和红外科学技术开拓者汤定元先生。这一读就是6年,褚君浩如鱼得水,一口气拿下了硕士、博士学位。也正是汤先生的言传身教,让褚君浩逐步领悟到科研犹如挖井的意义所在——做研究首先要找一个明确的方向,之后必须持之以恒地做下去,即使经历再多艰难曲折也不能放弃,即使是一小步一小步地走,也终会到达目的地。

忘我工作,成长为国际领军人物

由于成绩突出,取得博士学位后,褚君浩就开始担任物理室副主任的职务。他从那时开始挖掘第一口"井"——研究窄禁带半导体红外光电子物理,取得了不少成果。

1986年,褚君浩来到德国慕尼黑技术大学做客座研究,在柯霍教授的实验室参与研究工作,这为他打开了一个新天地。他初到实验室就碰到一个难题,有一个远红外激光器工作时几乎连5分钟也稳定不了。褚君浩知道,要开展研究必须先让这台红外激光器稳定下来。他既兴奋又着急。兴奋的是,面前的难题别人已费尽心思却束手无策,这对自己是一个挑战;着急的是,自己万一也不能成功,岂不是要耽误实验?褚君浩静下心来,一连几天观察,渐渐地熟悉了这台仪器,一星期就把仪器调节得相当好,竟然可以连续稳定工作6~8

褚君浩(左二)指导学生

小时。柯霍先生非常高兴,他把仪器显示的关于激光强度和时间关系的曲线贴在墙上,不时地向来访的教授和同事介绍褚君浩的工作。这让褚君浩感到自己为中国人争了光。

褚君浩非常珍惜在德国学习进修的机会,坚持利用国外先进的实验设备及先进的研究方法,经常夜以继日地忘我工作。有一次正值寒冬,褚君浩全身心地投入碲镉汞二维电子气自旋共振实验中,忘记了调节室温,只穿着一件羊毛衫,注意力高度集中地连续做了好几天实验,甚至连身体已经被冻坏了也全然不觉。最后,他病倒了,被诊断为肺炎,休息了一个月才慢慢康复。而实验结果异常理想,这令褚君浩十分兴奋,他觉得一切的病痛都值了。

褚君浩在德国的工作主要是把二维电子气研究扩展到窄禁带半导体领域,建立了研究窄禁带半导体二维电子气子能带结构的理论模型和实验方法。回国后,他继续进行相关研究工作,成果得到国内外权威专家的高度评价。同时,他致力研究碲镉汞薄膜材料器件中光电激发动力学的重要基础问题,研究结果受到国际同行的重视,他们认为褚君浩课题组关于窄禁带半导体的研究在一些领域已经走在国际前列。褚君浩撰写的《窄禁带半导体物理学》由国际著名的德国施普林格出版社出版,成为国际上第一本系统介绍窄禁带半导体物理学的专著,赢得学术界的喝彩。

积累创新，致力太阳能开发

作为一位有责任感的科学家，褚君浩带领着科研团队继续挖掘新的"井"。他们对太阳能电池的核心原料多晶硅的提纯展开自主科研攻关，自主创新"物理法提纯多晶硅"，其电耗和水耗分别只有传统的"西门子化学法"的三分之一和十分之一，逐步打破国外的技术垄断，确立中国在国际光伏产业链的地位。为了将这口"井"挖得再深一些，褚君浩组建了上海太阳能电池研究与发展中心，该中心主要从事太阳能电池材料、器件和组件及其测试与应用的研究、开发，以及相关的光电转换新材料、新技术的研发，支持和推动国家和上海地区太阳能光伏产业的可持续发展。

褚君浩在香港大学演讲

"创新有一个由量变到质变的过程，而量变的积累过程非常漫长，所以对我而言，科学研究没有终点。"褚君浩在红外光电材料和器件研究领域所取得的成果，以及开发新能源的努力，正是对创新精神的生动诠释。

面对许多赞扬和荣誉，褚君浩却说："我只是科技战线上的一个兵罢了。"他念念不忘的是汤定元先生等学术前辈一直倡导的理念：把握好方向，严谨踏实，"以勤奋好学追求科学真理，以循序渐进实现积累创新"。正是凭着这种信念，褚君浩不仅挖出了"井"，而且已经由"井"到"沟"，到"塘"，他还想把自己团队的研究汇聚成知识的"海洋"。

（包静砚）

> **院士微讲坛**

创新三部曲

人类第一次产业革命是通过热力学规律的发现和蒸汽机的研制,实现了机械化;第二次产业革命是由电磁规律的发现和发电机电动机、电话电报的诞生,实现了电气化;第三次产业革命是相对论、量子力学、固体物理、现代光学的出现,使得半导体技术、计算机技术飞速发展,实现了信息化。这三次产业革命为我们非常清楚地弹奏了"科学规律—核心技术—产业发展"的三部曲,也非常清楚地告诉我们,科学规律发现、核心技术发明对于产业革命性发展的重要意义。

现在人类又进入新一次工业革命。当今时代,一方面,能源和环境问题日益突显,全球可持续发展面临巨大压力,新工业革命势在必行;另一方面,以信息技术为核心的科技发展深刻改变了社会和经济发展形态,为新工业革命提供了可能性。新工业革命将以信息和物理系统的深度融合为特征。

20世纪后半叶,半导体物理的新发现带动微电子技术的新发明,激发了信息科学技术的大发展。当前,IT时代特征继续深化,数字化发展成为大数据,程序化发展到智能化,小型化发展到微纳化,网络化由机-机网络发展到人-机-物网络。与此同时,物质科学技术,特别是能源、材料、制造、生命等多学科的新发现、新发明层出不穷,呈现多轨并行、交叉推动的态势。

信息技术本身深入发展,并与物质科学技术深度融合,将在很多领域实现智能化。这一过程必然也包括信息技术规律和其他物质科学技术规律的发现,以及两者融合的核心技术的发明,然后推动产业的革命性发展。无论是分布式能源利用的智能化、制造业的智能化,还是智能化复杂系统等,都要弹奏好创新三部曲。

(节选自褚君浩著《弹奏好创新三部曲》,原文刊载于《科学画报》2015年第十期。)

第三章　为祖国筑起钢铁长城

➢ 在核武器研制的关键时刻,钱三强像统率千军万马的将军,调兵遣将,排兵布阵,为新中国铸造自己的核盾牌。

➢ 正当程开甲科研和教学成果频出、事业如日中天的时候,他突然"失踪",甚至没有和亲人告别就消失在人们的视野中。

➢ 邓稼先去世前,将关于中国核武器发展的建议书交给妻子,请她尽快送走,并叮嘱她:"这比你的生命还重要。"

➢ 潘镜芙主持设计的"中华第一舰"让中国海军甩掉"黄水海军""绿水海军"的落后帽子,挺进"蓝水海军"之列。

➢ 自从19岁带着"强国先强军"的信念跨入哈尔滨军事工程学院开始,王泽山就无怨无悔地爱上了火炸药这个"冷僻"专业。

➢ 在刘永坦看来,研究成果倘若不能变成真正的应用,无疑就像一把没有开刃的宝剑,这对国家来说是一种巨大的浪费和损失。

➢ 从学成回国那天起,为国家铸就坚不可摧的"地下钢铁长城"就成了钱七虎毕生的事业追求。

钱三强

中国"两弹"工程中的伯乐

"把最好的人,放到最需要、最重要的岗位上去,我这一辈子所做的事情中,这件事是最有意义的。"

钱三强(1913—1992)

- 中国科学院学部委员(院士)
- 中国原子能科学事业的创始人,"两弹一星"功勋奖章获得者,在核物理研究中获多项重要成果,为中国原子能科学事业的创立、发展和"两弹"研制做出了突出贡献。

北京市房山区的一处山谷中坐落着一家外观朴素的研究机构,这就是中国原子能科学研究院。这里是我国核科学技术的发祥地,国家表彰的23位"两弹一星"功勋奖章获得者中,有7位在这里创建功勋,70位两院院士曾在这里学习和工作,国内十几个重要的核科研和生产单位由此派生。中国原子能科学研究院因此被誉为我国核工业的"老母鸡"和人才的"摇篮"。

回顾中国原子能科学研究院在中国核工业发展历程中的地位和作用,不能不提钱三强。作为我国核科学研究的带头人和开拓者,钱三强始终以饱满的热情投身于他所挚爱的事业。他胸怀全局,运筹帷幄,为中国的原子弹、氢弹事业立下了显赫的功勋。

昔日同窗今携手

钱三强(右)1948年回国前夕同约里奥-居里夫妇合影

1949年11月1日,中国科学院成立了。钱三强被任命为中国科学院计划局副局长,后来兼任中国科学院近代物理研究所(中国原子能科学研究院前身,简称"近代物理研究所")副所长。不久,正所长吴有训调任中国科学院副院长,钱三强接任正所长。

1949年以前,中国曾有两个核科学研究机构。一个是南京中央研究院物理研究所设立的原子核物理实验室,仅有吴有训、赵忠尧(当时尚在美国)等5名科研人员;另一个是在北平(今北京)研究院镭学研究所基础上成立起来的原子学研究所,也仅有钱三强和夫人何泽慧等3名科研人员。近代物理研究所就由这两个单位合并而成。钱三强深深懂得，发展科学研究，离不开人才。在他的努力下，一大批科学家在近代物理研究所聚集。

1949年岁末，钱三强写信给时任浙江大学物理系主任的王淦昌，请他到近代物理研究所从事核物理研究工作。王淦昌和钱三强是清华大学的校友，但钱三强入校时王淦昌已经毕业。作为研究核物理的同行，王淦昌知晓钱三强、何泽慧夫妇的科研成就，尽管与他们并不相熟，不过他从心底佩服他们开创中国核科学事业的热忱，因此接受了钱三强的邀请。

在写信给王淦昌的同时，钱三强又来到清华大学教授彭桓武的住所。他们也是清华大学校友，彭桓武比钱三强高一级。彭桓武早年留学英国，与世界一流理论物理学家玻恩、薛定谔、海特勒等共事，互相切磋，取长补短，成了他们行列中的一员。1945年，他与玻恩共同获得英国爱丁堡皇家学会麦克杜加耳-布列兹班奖，后来他还当选为皇家爱尔兰科学院外籍院士。彭桓武在理论物理方面造诣很深，解决数学问题的能力很强，善于联系实际。钱三强深知能联系实际的理论物理学家的重要性，他这次来访的目的，就是动员彭桓武到近代物理研究所专职从事科学研究工作。

因事业作桥梁，钱三强、王淦昌、彭桓武这三位校友，成为开创我国核物理学研究，进而发展原子能工业的同事和挚友。

钱三强改名

钱三强原名钱秉穹，父亲是著名语言文字学家、新文化运动先驱钱玄同。钱三强上中学时，同学李志中写信给他，信中称他为"三强"。钱玄同看见了，饶有兴致地问"三强"是谁。他回答："'三强'是志中同学对我的称呼，因为我排行老三，喜欢运动，身体强壮，故称我'三强'。"

钱玄同当即称赞："名字本来就是一个符号。我看'三强'这个名字不错，可以解释为立志争取德育、智育、体育都进步。"从此，"钱秉穹"正式改名为"钱三强"。

广聚贤才善为谋

钱三强和夫人何泽慧

建所初期,高级研究人员只有钱三强、王淦昌、彭桓武、何泽慧、赵忠尧(当时尚在美国)等人。随着国防和科研事业的不断发展,钱三强肩负的责任越来越重了。钱三强回忆说,他深知"事在人为"这句古训,只要有人,就能创造一切。他采取了三项措施来网罗人才:第一,吸收海外回国的科学家;第二,请国内科学家来所工作或兼职;第三,选拔优秀的青年来所培训。正是这三项措施使近代物理研究所(1958年更名为"中国科学院原子能研究所",简称"原子能研究所")很快发展成为超过千人的国内最大的研究所。

这支科技队伍精英聚集,人才济济。他们中有中国核科学最早的开拓者、先驱;有新中国成立后,响应号召从西方国家留学回来的核物理学家、放射化学家;有在苏联接受培训和实习的科技专家;有从所外聘来兼职的知名学者和专家;有一大批国内培养出来的业务骨干;有刚从北京大学技术物理系、清华大学工程物理系,以及南京大学、复旦大学等相关专业培养出来的青年大学生。

钱三强还根据事业发展的需要,开始有计划地抓人才的培养。1956年,我国还没有一座反应堆时,钱三强就很有远见地亲自抓这一方面的队伍建设。他在所里创办了反应堆理论训练班,为我国后来建造反应堆预备了一大批骨干力量。从1958年到1959年,原子能研究所举办了七期同位素应用训练班和四期同位素仪器应用与维修训练班,为全国培养了近千名科技人员。同时,钱三强安排了很强的师资力量,先后协助北京大学、中国科技大学、清华大学办起了技术物理系、原子核物理系、放射化学系、工程物理系,为我国核科学和核工业的崛起造就了后备军。

养兵千日,用兵一时。20世纪50年代,国家制定了发展核工业、研制原子弹的战略决策,原子能研究所聚集和培养的人才队伍走上历史舞台,成为这项伟大事业中的中坚力量。

"满门忠烈"写春秋

钱三强是发现千里马的伯乐

1959年6月,苏联政府单方面撕毁了中苏双方签订的协议,撤走专家,带走图纸,停止供应原子弹样品,使援建的一大批工厂难以正常生产。中国人必须完全依靠自己的力量研制原子弹,为国家争口气。为了记住苏联撕毁协议的日子,我国第一颗原子弹的工程代号定为"596"。

受命负责主持科学技术工作的聂荣臻,十分器重和信任科学造诣深厚、组织才能突出的钱三强。聂荣臻深情地对钱三强说:"搞原子能,你是行家,就请你提出建议,我们来研究。""由你负责点将,点到哪个单位,哪个单位都不能打折扣。"

钱三强心里很清楚,人员的配备关系着全局。钱三强回忆说:"把最好的人,放到最需要、最重要的岗位上去,我这一辈子所做的事情中,这件事是最有意义的。"在核武器研制的关键时刻,钱三强像统率千军万马的将军,调兵遣将,排兵布阵,为新中国铸造自己的核盾牌。

早在1958年,钱三强就凭借一双慧眼预见到"娃娃博士"邓稼先的科研潜力。他推荐邓稼先参加筹备核武器研究所,担任理论部主任。此后,邓稼先不仅在原子弹、氢弹的理论设计上做出了重要贡献,而且成为中国核武器研制与发展的主要组织者、领导者。因此,杨振宁称赞钱三强当初聘请邓稼先"可谓真正有知人之明"。

原子弹工程一上马,钱三强就把原子能研究所的两位副所长王淦昌和彭桓武送上"秘密历程"。为了解决原子弹爆炸中的一系列力学问题,钱三强到中国科学院力学所,在钱学森所长的推荐下找到空气动力学家郭永怀,任命他为核武器研究所副所长。程开甲是由钱三强提议,经时任总书记的邓小平批准,由南京大学调往北京参加原子能事业的。在钱三强的组织下,于敏、黄祖洽等青年理论物理学家在进行原子弹研制的同时,开展了氢弹原理的预研工作,最终创造了从原子弹到氢弹进程上的奇迹。还有朱光亚、周光召、吕敏……钱三强提名或推荐的众多科技人员在中国研制原子弹、氢弹的事业中起到了举足轻重的作用。

千里马常有,而伯乐不常有。钱三强是千里马,更是发现千里马的伯乐。有人戏称,钱三强领导的原子能研究所就像古代戏曲中的杨家将,堪称"满门忠烈"。可以毫不夸张地说,没有钱三强,就不可能有后来兴旺发达的原子能研究所;没有原子能研究所,中国就不可能如此快地发展"两弹一艇"(原子弹、氢弹、核潜艇)。

(冯泽君)

程开甲

隐姓埋名的中国"核司令"

"我这辈子最大的幸福,就是自己所做的一切,都和祖国紧紧地联系在一起。"

程开甲(1918—2018)

- 中国科学院学部委员(院士)
- 中国核武器事业的开创者之一,中国核试验科学技术体系的创建者之一,先后参与和主持首次原子弹、氢弹试验,以及"两弹"结合飞行试验等多次核试验。"两弹一星"功勋奖章获得者,国家最高科学技术奖得主。

立志科学报国

1918年8月3日，程开甲出生在江苏吴江（今属江苏省苏州市）一个商人家庭。1931年，他考入浙江嘉兴秀州中学，这所学校曾培养出李政道、陈省身等知名学者。程开甲特别崇拜牛顿、伽利略、爱因斯坦、居里夫人、法拉第和詹天佑等中外科学家，敬佩他们追求科学、发明创造的精神，立志将来要做科学家。为实现自己的科学梦，程开甲刻苦学习，对理科课程更加用功。

1937年，程开甲进入浙江大学物理系就读。当时，浙江大学大师云集。程开甲在被誉为"东方剑桥"的浙江大学，受教于著名物理学家束星北、王淦昌和数学大师陈建功、苏步青等一流教授。他像海绵吸水，如饥似渴地学习，更从以竺可桢（时任浙江大学校长）为代表的科学家身上，熏染到做人、做学问和做科学家的人格魅力。

抗日战争期间，竺可桢校长率领师生西迁。1939年2月5日，日机向西迁的浙江大学投下118枚炸弹，使校舍被毁。程开甲目睹日寇暴行，义愤填膺，提笔在笔记簿上写下"中国落后挨打的原因：科学落后。拯救中国的药方：科学救国"，以明科学报国之志。

"真心相对论"

被誉为"天才物理学家"的束星北，是诺贝尔物理学奖获得者李政道的恩师，也是程开甲的恩师。束星北授课时，善于结合生活中的科学现象，深入浅出地讲解概念和原理。有一次，束星北向学生提问：太阳对月亮的吸引力，比地球对月亮的吸引力要大得多，为何月亮却跟着地球运转？当时，课堂鸦雀无声，大多数学生无法解答，只有二人做出了令人满意的回答，程开甲就是其中一人。程开甲用牛顿力学原理作解，令束星北印象深刻，认定他将来会大有作为。于是，束星北给他更多的辅导和指点。师生二人常在课堂内外讨论科学问题，他俩相对而坐，谈心论志，被学生戏称为"真心相对论"。

回到祖国怀抱

程开甲（左三）出国留学时的留影

1941年程开甲大学毕业，因成绩优秀留校任物理系助教。他在教学的同时开始钻研相对论和基本粒子，写出了《用等价原理计算水星近日点移动》等论文。他运用正则运动方程，推导出当时国际物理学权威狄拉克所提出的"狄拉克方程"。狄拉克得悉这一成果，立即推荐在英国剑桥大学期刊上发表。

1944年10月，英国著名生物化学家和科学史学家剑桥大学李约瑟博士，到浙江大学湄潭分校参加纪念中国科学社建社30周年活动。在此期间，李约瑟在学术讨论会上见到程开甲关于粒子研究的科学论文，认定他是值得培养的科学新星。他把程开甲的论文向英国科学界介绍，并协助他获得英国文化委员会奖学金。1946年8月，程开甲进入英国爱丁堡大学数学物理系，成为物理学大师玻恩的研究生。

玻恩把程开甲引入超导等物理研究最前沿的领域,让他向英国最顶尖的物理学家请教和学习。1948年,程开甲获爱丁堡大学哲学博士学位,并成为英国皇家化学工业研究所研究员。玻恩十分赞赏程开甲的才华和品格,希望他把妻子和子女都接到英国,在英国继续从事科研工作。科学无国界,而科学家有自己的祖国,程开甲对这句话深有感触。他感谢玻恩的教育和关怀,但对祖国的一片赤子之心却促使他尽快回到母亲的怀抱。程开甲对玻恩说:"我的祖国从此有希望了,我应当回去建设新中国。"

1950年8月,程开甲放弃优越的工作和生活条件,返回中国,在浙江大学担任物理系教授,时年32岁。1952年,全国高校院系调整,浙江大学物理系的许多名师被调往复旦大学,程开甲也调任南京大学物理系教授和副主任。然而,正当程开甲科研和教学成果频出、事业如日中天的时候,他突然"失踪",甚至没有和亲人告别就消失在人们的视野中。

戈壁"核司令"

程开甲去了哪里?他隐姓埋名,投身绝密的"596"工程,和原子弹打起了交道。

1959年6月,苏联单方面撕毁中苏合作协议。面对美、英、法、苏对中国的核技术严密封锁,中国只有靠自己的力量研制共和国的"核盾牌",以保证国防安全。以"596"命名核工程,意在时刻激励发愤图强的战斗意志。1960年,程开甲被调入"596"工程团队,并任核试验研究所副所长,开始了秘密研制原子弹的艰辛历程。

核试验基地初建阶段,工作和生活条件十分艰苦,千军万马汇集在海拔3 000米以上的高原上,经受缺氧、缺粮和缺水的考验。战寒风,喝苦水,程开甲和科研人员都不在话下。他们牢记周恩来总理的嘱托,"严肃认真、周到细致、稳妥可靠、万无一失",做到"一次试验,全面收效"和"保响、保测量、保安全、保取样",坚持"一切通过实践"。

在核试验和长期的科研工作中,程开甲始终实践着竺可桢的至理名言——"只问是非,不计利害"。第一次核试验前,经过严格的科学计算,程开甲提出,在从爆心向各测试点铺设电缆时,为保证电缆不受损伤,要在所有电缆沟内铺垫细沙。此项工程工作量很大,有人提出异议,程开甲据理力争。问题反映到基地司令员那里,司令员果断拍板:"按程教授的意见办。"

作为核试验基地的学术带头人,程开甲始终坚持按科学规律办事,靠技术说话。在科学技术问题上,他从来不让步,更不会因为对方级别、职务高而放弃自己的观点。一次,他设计的技术方案遭到许多人的反对,包括当时基地的司令员。面对领导的不同意见,有人劝程开甲说,人家是基地领导,不要和他争了,出了问题由他负责。程开甲表情严肃、斩钉截铁地说:"我不管他是不是司令员,我只讲科学。这些数据是在实践中计算出来的,是科学的。要保证质量,就必须按数据要求办。"他提高嗓门强调,"不这样就是不行! 我要对核试验安全负责。"程开甲的话语掷地有声。最终,他提出的方案得以执行。

1964年10月16日,蘑菇云在罗布泊上空腾空而起,中国核试验成功震惊世界,也为程开甲"只问是非,不计利害"的高尚品格作了最生动有力的诠释。程开甲在发布核试验命令时的科学威严,使他得到了"核司令"的外号。

"功劳是大家的"

在20多年隐姓埋名的崇高事业中,程开甲成功地参与设计和主持了我国第一颗原子弹、氢弹、两弹结合,以及地面、首次空投、首次地下平洞和首次竖井试验等多种试验方式的30多次核试验。他以严谨的工作作风和科学态度,带出了高水平的核科学队伍,他主持的核试验研究所先后培养出10位院士。

1999年,他被授予"两弹一星"功勋奖章。他对年轻的战友们说:"党中央、国务院、中央军委为'两弹一星'事业颁发功勋奖章,功劳是大家的。我们的核试验是有名的和无名的英雄们在弯弯曲曲的道路上一步一个脚印完成的。没有集体的智慧和大家辛勤劳动,没有几代人的艰苦奋斗和无私奉献,就没有我们事业的辉煌,没有研究所的今天。我希望年轻的同志们创新、拼搏、做奉献。"

接受2013年度国家最高科学技术奖证书后,97岁的程开甲深情地说:"对

程开甲接受母校浙江大学采访

于荣誉我只是代表,功劳是大家的。功勋奖章是对'两弹一星'精神的肯定,国家最高科学技术奖是对整个核武器事业和从事核武器事业团队的肯定。"

程开甲常说:"人生最大的价值在于贡献。"这是他恪守的人生准则,他所做的一切都和祖国联系在一起……

(熊家钰)

邓稼先

许身中华的"两弹"元勋

"假如生命终结之后能够再生,那么,我仍选择中国,选择核事业。"

邓稼先(1924—1986)

- 中国科学院学部委员(院士)
- 核物理学家,"两弹一星"功勋奖章获得者,中国核武器研制工作的开拓者和奠基者,为中国核武器的研发做出了重要贡献。

两弹伟业中做出非凡功勋

20世纪50年代后期,就军事力量而论,世界上一些大国已进入了"原子时代"和"喷气时代",中国却连常规武器的水平也相当落后。在这个背景下,中国与苏联签订协定,开始研制原子弹,时年34岁的邓稼先被委任为理论设计的总负责人。

邓稼先全家福

不久,中苏关系彻底破裂,而后所有的研究就全靠中国人自己从零开始。邓稼先作为中国原子弹理论设计的担当者,压力之大是难以想象的。他带领一批大学生白手起家,在北京郊外平地建起了一个核武器研究所。不久,研究所迁到荒僻的西北戈壁,后来又迁往四川更为隐秘的一个角落。在简陋的办公室里,在颠簸的搬迁中,在艰难的物质困境下,邓稼先日夜思考,选定了以中子物理、流体力学和高温高压下的物理性质这三个方面作为研究主攻的方向,为奠定中国原子弹理论设计的基础做出了最重要的贡献。

从1960年开始,邓稼先一方面带领年轻人分三组突击,进行巨量计算;一方面自己做一些粗估。粗估是邓稼先在当时条件下搞科研的一个重要方法，靠的是他高超的学术素养，即物理概念特别清楚，能不拘泥于具体的数字，而把各种条件综合起来，从理论上估计出一个数量的幅度，又将一切工作的进程都包容其间。这使研究工作少走了许多弯路。

苏联专家撤走前，曾留下一个核爆大气压数据。这究竟可靠不可靠？邓稼先他们先后进行了9次严谨繁复的计算来验证。每算一次就有几万个网点，每个网点要解五六个方程式，而当时能用的只有手摇计算器。计算的草稿纸一扎扎一捆捆放进麻袋里，从地板堆到天花板，塞满了整个房间。最终，他们发现苏联专家留下的数据是错误的，摸清了原子弹内爆过程的物理规律，以及诸多因素的交互影响，为理论设计做了准备，也培养锻炼了一批人才。

邓稼先和他领导的科研人员经过三年奋斗，终于勾勒出中国第一颗原子弹的理论设计框架。它最特别的地方是使用铀-235做核材料，同时采用内爆的方式。这与其他4个核大国的原子弹根本不同，也是原子弹完全由中国人自己设计的最好证明。

1964年10月16日，中国的第一颗原子弹试爆成功，震惊了全世界。这次核爆最后确定方案并签字的人是邓稼先，此后数十次核试验也都是由他签字。对邓稼先来说，这不是简单地签个名字，而是在给国家签写保证核爆成功的保证书。整个国家的殷切期望就压在他的肩上。这个压力有多大，恐怕没人能计算出来。所以，在每次签字之后，邓稼先都会有一段时间全身冰凉。

原子弹爆炸成功之后，邓稼先又紧接着研究氢弹、中子弹，直到用电脑模拟核极限。1986年3月，邓稼先的病情已经到了癌细胞迅速扩散的晚期，但是，他通过对核大国当时发展水平和军控动向的深刻分析，意识到他们很快就会提出"世界性禁核"来保持自己的核强国地位，中国如果不抢在这个关键时间内完成核极限实验，就会丧失时机，"多年努力，将功亏一篑"。他紧抓自己生命最后的时刻，忍着剧烈的疼痛，起草了给国家决策参考的建议书，提出了中国要达到的主要目标和具体的实现途径。他在病床上将完成的文本交给妻子许鹿希，请她尽快送走，突然又叫住妻子叮嘱道："这比你的生命还重要。"

1996年7月29日，中国成功地进行了一次核试验，同时向全世界宣告，7月30日之后，中国将暂停核试验。许鹿希知道，这是中国政府特意为缅怀在10年前的这一天逝世的邓稼先而精心选择的纪念日。

两张照片表露了赤诚情怀

邓稼先(左)在核试验场

许鹿希多次说,邓稼先不爱拍照,但有两张照片是他自己要求拍摄的。一张是邓稼先在杭州开会间隙到西湖边的岳坟去,主动拉了同仁在"精忠报国"碑前留的影。

立志报效国家,这是邓稼先的品格和终身追求。许鹿希永远无法忘记1958年夏天,钱三强和邓稼先谈话后发生的一切。那天夜晚,邓稼先一反常态地无法入睡,转侧许久才对妻子说,他要调动工作了,但是去哪里和做什么都不能说,就连通信也不可能,家里的事情就全托付给她了。而后他又突然自语:"我的生命就献给未来的工作了。做好了这件事,我这一生就过得很有意义,就是为它死了也值得。"从此,邓稼先就神秘地消失了,撇下了30岁的妻子、双方有病的老人和两个年幼的孩子。此后的28年,邓稼先全身心投入核弹研究,一直坚持到他生命的终结。

另一张照片是邓稼先在戈壁滩找到了未爆的核弹后,一反平素习惯,主动要求和他同去的一位同志合拍的。

许鹿希说,中国的核试验也有过失败,那时赶到事故现场去,邓稼先总是冲在前头。一次空投预试,氢弹从飞机上丢下来,因降落伞没打开而直接掉在地上,幸好没有爆炸,但是摔碎了。这是一次后果严重得难以预测的事故,核弹非得找回来不可。因为没有准确定点,一百多个防化兵去找都没有找到。邓稼先亲自去了,结果找到了核弹。他用双手捧起碎弹片,因此受到了最严重的放射性侵害。事实上,邓稼先就是受这辐射而患病的。

在这两张照片的背后,我们似乎看到了邓稼先许多早先生命场景的铺垫:1937年七七事变后,日寇占领北平(现北京),规定中国人必须向放哨的日本士兵弯腰敬礼。少年邓稼先宁可绕远路也不肯向侵略军低头。当时,日寇每攻陷一个中国城市,都要强逼中国百姓举旗游行"庆祝",气愤的邓稼先将分发给他的小纸旗扔到地上,还踩踏上几脚。这事被人告发了。为躲避迫害,16岁的邓稼先跟随大姐匆忙离开北平,辗转到云南昆明去念书。在大西南,当看到日本飞机肆无忌惮地轰炸,祖国备受侵略者踩躏时,他就立志要苦学成才,报效国家。所以,后来在美国普渡大学获得物理学博士学位后的第九天,他就登船回国了⋯⋯

两手紧握传达的至诚友谊

邓稼先和杨振宁同是安徽籍人,两家是世交。邓稼先比杨振宁小两岁,他们之间的友情很深,彼此都能推心置腹。

邓稼先(左)与杨振宁

中国的第一颗原子弹成功爆炸后,美国报纸登出了中国研究人员的名单。尽管是英文译音,但是杨振宁一看就认定其中一人是邓稼先。许鹿希后来问杨振宁,为什么他这么肯定那就是邓稼先?杨振宁说,他认为中央情报局是不可能去编一个名字恰好与邓稼先同音的。

1971年,杨振宁首次回中国,拟了一份要见的亲友名单,其中第一个就是邓稼先。杨振宁早就知道邓稼先是搞原子弹的,他们见面什么都谈,但杨振宁就是不问邓稼先有关单位里的事情。直到最后,在离开北京去上海的飞机舷梯旁,杨振宁突然问送行的邓稼先,据说中国搞原子弹有美国人参加,是不是真的?邓稼先为难地推说:"你先上飞机吧,这事以后再告诉你。"事后,邓稼先马上报告周恩来总理,总理指示要尽快答复杨振宁:中国研制原子弹和氢弹都没有外国人参加。邓稼先连夜写了封信,交专人送到上海。正在饯行宴席上的杨振宁打开一看,知道是中国人自己在这么困难的条件下完成了这样的大事业,顿时感动得潸然泪下。

从那以后,杨振宁每次回中国,当邓稼先和他在一起时,总是杨振宁口若悬河地讲,邓稼先在一边静静地听。杨振宁了解世界最前沿的研究进展,什么都是公开的;而邓稼先恰好相反,所知道的东西都是保密的,他不得不非常谨慎,生怕漏出一个相关的数字来。所以,往往是邓稼先简单提问,杨振宁滔滔回答,邓稼先的收获非常大。

邓稼先逝世以后,杨振宁给许鹿希的唁电中有一句话深刻地点明了他们之间的情谊:"稼先为人忠诚纯正,是我最敬爱的挚友。他的无私的精神与巨大的贡献是你的也是我的永恒的骄傲。"

(倪既新)

潘镜芙

为中国舰艇现代化呕心沥血

"我和军舰打了一辈子的交道,看着它最终驶向深蓝,这是我感到最骄傲的事情。"

潘镜芙(1930—2023)

- 中国工程院院士
- 船舶工程专家,成功主持设计了我国两代四种型号导弹驱逐舰,被誉为"中国导弹驱逐舰之父"。

现在中国海军舰队的实力早已今非昔比,作为现代海军最重要的舰种之一的导弹驱逐舰更是从无到有,迈进了国际先进行列。这一令中国人无比自豪的成就,和一位老者数十年的努力密不可分,他就是船舶工程专家潘镜芙院士。

"半路出家"的总设计师

1930年1月,潘镜芙出生于浙江湖州。1952年,他从浙江大学电机系毕业,被分配到华东电工局(后并入一机部第二设计分局)基建处,负责上海电机厂汽轮发电机车间设计工作。1955年,因工作需要,潘镜芙被调往舰艇设计部门。从此,他与导弹驱逐舰结下不解之缘,成功主持设计了我国两代导弹驱逐舰。

潘镜芙(右二)工作照

从电机改行做舰艇设计,跨度着实不小,但潘镜芙能较快地适应角色的转变,这得益于他大学时打下的坚实的基础。他说:"我在工作中能做出成绩是和在浙江大学电机系刻苦的学习分不开的。母校'求是'学风教导我一切从实际出发,在实践中学习,培养我独立思考的钻研精神。'求是'校训使我一生受益,使我在专业重大改变时,能够适应并取得好的成绩。"另一个重要原因是,潘镜芙非常善于学习。在第二设计分局工作期间,他充分运用所学专业知识的同时,又学习了金属加工、动力供电、通风取暖等学科理论并付诸实践,为以后担任导弹驱逐舰总设计师准备了条件。

驱逐舰设计是一项庞大的系统工程,总设计师要掌握船舶、机电、电子和武器等各方面的知识。一位外国专家曾告诉潘镜芙:"学习是为了应用。一个人的精力是有限的,不可能什么都掌握得很深,而掌握到什么程度够用,需要自己去体会。"潘镜芙深受启发,他运用学以致用的原则,在解决重大技术问题时,深入相关的专业知识领域去钻研。

20世纪60年代初期,潘镜芙主持某型护卫舰电气部分设计时,顶着压力首次在自行研制的舰艇中采用交流电制,从而推动了我国船舶电气交流化的工作。20世纪60年代后期,他主持设计建造第一代导弹驱逐舰时,创造性地解决了舰对舰导弹武器系统装备水面舰艇的技术难题。

"铸舰梦"

潘镜芙出生在江南水乡南浔。抗日战争爆发后,为躲避战乱,潘镜芙不得不随家人一道乘着小船逃往上海。潘镜芙清楚地记得,那时黄浦江上只有日本军舰和其他国家的巨轮,却没有中国自己的大船、军舰。"当时虽然年纪很小,可是我想,如果长大以后能够造军舰多好啊!"从那时起,一粒"铸舰梦"的种子就在潘镜芙的心中发了芽。

挺进"蓝水海军"之列

第一代驱逐舰是海军主要舰艇,具有远航和高效地执行多种任务的能力。1980年,第一代驱逐舰参加我国向南太平洋发射远程火箭的试验,出色地完成

潘镜芙在江南造船厂（1995 年）

护航任务。该型中的指挥舰 1985 年首次出访南亚三国，性能良好，赢得广泛好评。此后，潘镜芙作为总设计师的全部精力集中在设计研制第二代新型导弹驱逐舰的工程之中。

十年磨一剑。中国的新一代导弹驱逐舰首舰 1994 年交付中国海军使用，舷号 112，被命名为"哈尔滨"号。远程航行是考核舰艇现代化水平的最佳手段。1997 年，被誉为"中华第一舰"的 112 号和 166 号导弹驱逐舰及南运 953 号补给船组成舰队，从湛江港出发，驶向美国、墨西哥、秘鲁和智利四国的五个港口访问，进行中华民族有史以来首次环太平洋洲际远航，首次横渡太平洋，首次到达美国本土和首航拉美国家。

抵达美国西海岸圣迭戈美国海军基地的四天中，有 5 万名美国居民、海军官兵和华侨争睹"中华第一舰"的英姿和中国海军威武之师、文明之师的风采。如此盛况，连负责接待的美国海军军官都发出惊叹："我接待过上百个国家的访问军舰，日均万人上舰还是头一回！"一位美国水兵感慨地说："我没有想到，中国会有这么强大的舰队！"美国舆论界把中国舰队访美视为 1964 年中国原子弹试验成功后国际影响最大的新闻。

在秘鲁、智利和墨西哥，舰队都受到热情的欢迎，接触到惊奇和审视而友好的目光。智利第一海军司令敬佩地说："你们以飘扬的五星红旗，向世界展示你们伟大国家的存在。"

国际海军界有按水色分类之说，近岸的浅水呈黄色，近海的深水呈绿色，远洋至深海的水呈蓝色，故有"黄水海军""绿水海军"和"蓝水海军"之分。新中国成立初期，中国海军装备相对落后，被外国人称为"黄水海军"或"绿水海军"。此次"中华第一舰"经历各种恶劣天气和狂风巨浪的考验，既为国争光，也让中国海军甩掉"黄水海军""绿水海军"的落后帽子，挺进"蓝水海军"之列。

1996 年，"哈尔滨"号的姐妹舰问世，舷号 113，被命名为"青岛"号。这艘新型的导弹驱逐舰和 542 号导弹护卫舰组成的舰艇编队于 1997 年 2 月 27 日由上海出发，至 3 月 30 日访问了泰国、马来西亚和菲律宾，在三个国家的港口先后有 10 万多人登舰参观。在马来西亚卢木港，参观者的汽车竟排成 3 000 米的长龙，可谓盛况空前。2002 年 5 月，113 号再次远航，在近 4 个月内横跨印度洋、大西洋和太平洋进行环球航行，成功访问 10 个国家。

中国舰队在五洲大洋乘风破浪的红色航程表明，伟大祖国第二代新型导弹驱逐舰在现代化的征程中迈出坚实的步伐。这一重大成果获 1999 年国家科技进步奖特等奖。

"小潘不老"

纪念《科学画报》创刊 80 周年座谈会合影（左起：谈向东、戴立信、王启东、潘镜芙、干福熹、熊家钰、金煜渊）

1997年5月,时任军委副主席刘华清将军在远航归来的"中华第一舰"上,亲切地称呼当时67岁的总设计师为"老潘"。看到他步履稳健、精力充沛,刘将军高兴地说:"应该让老潘干到80岁!"

直至耄耋之年,"老潘"依然像当年对刘将军的回答"小潘不老"那样,保持着一颗年轻的心。他心系远航"深蓝"的姐妹舰家族的兴旺发展,关注国际舰艇现代化的趋势。

一个成熟的科学家,对待新产品的研制、设计一定要高瞻远瞩,瞄准先进目标,结合现有的条件和基础制定方案计划。潘镜芙在主持"中华第一舰"的总体设计中,始终围绕"中国特色"组织技术攻关。新一代导弹驱逐舰设计中,第一次跨越了蒸汽动力,实现柴燃联合动力;第一次跨越了传统舰型,实现了有一定隐身性的舰型;第一次跨越了武器的单机单控,实现了对海、对空综合反潜作战的集中指挥和分散控制等。这些"中国特色"是完全成功的。这些创造性的"第一",使我国的军舰向世界先进水平逼近。

船舶现代化的水平可以说是一个国家工业现代化水平的缩影。潘镜芙在舰船设计研制中的成就,必然推动众多科技领域和工业产品的发展,具有深远的影响。潘镜芙以对中国舰艇杰出的贡献,实现了他的人生格言:"为学当似金字塔,既要博大又要高。"

(熊家钰)

王泽山

破解火炸药世界难题

"专业无所谓冷热,任何专业只要肯钻研都是大有作为的。国家需要就是我研究的方向。"

王泽山(1935—)

- 中国工程院院士
- 火炸药专家,含能材料专家,国家最高科学技术奖获得者。

黑火药是现代火炸药的始祖，也是我国古代四大发明之一。然而近代以来，中国的火炸药技术却远远落后于西方大国。和人们熟知的探月工程、载人航天等高科技行业相比，火炸药领域显得有些"默默无闻"。不少年轻学子也因该专业基础、枯燥又危险，对它避而远之。可自从19岁带着"强国先强军"的信念跨入哈尔滨军事工程学院开始，王泽山就无怨无悔地爱上了这个"冷僻"专业。经过60多年的奋斗，王泽山院士和他的研究团队为我国火炸药整体实力的提升和我国武器装备、火炸药产品的更新换代做出了杰出贡献。

攻坚克难，他让古老发明绽放新活力

2017年1月，王泽山摘得2016年度国家技术发明奖一等奖。这是他第三次获得国家科学技术奖一等奖，也是第五次获得国家科学技术奖（皆为第一完成人）。此次获奖缘于他再次攻克了世界军械领域的又一重大难题。

王泽山（中）指导学生

远射程与模块发射装药是火炮实现高效毁伤、精确打击、快速反应、火力压制的关键技术，也是火炮系统现代化的重要发展方向。面对这一国际共性技术难题,凭借着数十年的研究积淀,王泽山要拼搏一试。

在达到退休年龄之后的 20 年间,王泽山利用自己另辟蹊径创立的装药新技术和相应的发射药装药理论,终于研发出了具有普遍适用性的远射程与模块装药技术。通过该技术,火炮用一种装填模块即可覆盖全射程,从而大幅度提升了远程火炮的打击能力。

时光倒流到 20 年前。含能材料的低温感是当时国际上难以攻克的技术难题。1990—1995 年,王泽山通过研究发射药燃烧的补偿理论,发明了低温感含能材料,并解决了长贮稳定性问题,显著提高了发射药的能量利用率。该技术获 1996 年国家技术发明奖一等奖。

和平年代,虽然硝烟渐远,但那些储备超期的火炸药仍对环境和社会构成了重大危害。1985—1990 年,王泽山率先攻克了废弃火炸药再利用的多项关键技术。这项利国惠民的技术在减少环境污染、降低安全隐患的同时变废为宝,创造了社会经济效益。该技术获 1993 年国家科技进步奖一等奖。

在火炸药科研领域,王泽山通过自己的努力,让古老的发明重新绽放活力。

勇攀高峰,他推进了中国火炸药技术的发展

在王泽山身上,体现最多也最充分的就是他坚持不懈的拼搏精神。很多在旁人看来不可能完成的事情,譬如含能材料的低温感、等模块装药等这些久攻未克的世界难题,王泽山却下决心要拼搏攻克。然而,当时既缺乏系统理论的支撑,又有国际上的技术封锁,要想解决这些难题绝非易事。为了能尽早攻克难题,王泽山全身心地投入研究中。冬天的塞外靶场寒风刺骨,气温常常达到零下二三十摄氏度,可是他还与年轻人一样,在靶场往往一待就是一整天。有时一趟实验做下来前后需要 20 多天,他就在靶场寸步不离长达半个月之久。

王泽山不想走别人已经走过的路,而是喜欢换个思路,另辟蹊径,从一个全新的角度闯出一条新路来。"他能够打破科研上的惯性思维,这就使得他往往能够发现别人轻易察觉不到的现象,找到别人意想不到的方法和路径。"255

王泽山始终瞄准国际前沿难题

厂的科技带头人欧江阳在这方面的感受尤为深刻。

在某导弹的研制过程中,产品的研制已进入了设计定型的关键阶段,在一次测试中却意外出现了问题。虽然经过反复检验,但问题的根源一直没有查找出来,产品设计定型的时间被迫一再推延。

情急之下,负责项目总体研制的单位向王泽山求援,请他协助查找原因。在详尽了解了整个产品的测试过程后,王泽山打破研究上的惯性思维,另辟蹊径从内弹道技术分析的角度查找原因。经过深入思考、反复测试和验证,他最终不负众望,找到了问题的症结以及解决的办法。就这样,在不改变产品总体结构设计的前提下,困扰研制单位多年的问题被王泽山解决了。

与王泽山合作过的人都能真切感受到他严谨认真、一丝不苟的科学态度。欧江阳回忆了与王泽山在四川彭州做实验的情景:"王院士做实验的时候,你总能感觉到他的脑子在飞快地转动着,往往是边观察边思考着什么。偶尔大家会好奇地问他究竟在想什么,他平静地答道:'我一直在想,是不是还有其他更好的实验方法呢?'"朴实的话语,展现了这位火炸药领域泰斗几十年来对科研事业孜孜以求的探索精神。

作为255厂分管工程技术与设计的副总经理,谭敏对王泽山工作中敢于负责、勇于担当的精神有很深的印象。一次,公司承担的一个军品项目即将定型,可就在此时,科研人员却意外发觉产品可能存在安定方面的瑕疵。此时,大家的心情都变得紧张和焦虑起来。关键时刻,王泽山显示和发挥出了他在火炸药领域定海神针般的作用。

在详尽分析了发射装药安定的化学反应的机理之后,他得出了装药没有安定方面问题的结论。面对众人疑惑的眼神,王泽山用平静却坚定的口吻说道:"的确没有安定方面的问题,我可以在鉴定书上签字。"随后进行的一系列实验充分证实了他的正确判断。安定问题被排除后,产品顺利定型装备了部队。

身正为范,他节俭自律人格魅力受人敬仰

王泽山(右一)讲解3D打印新型材料结构

王泽山崇尚简单实在的生活方式。按照规定,学校可为院士提供用车服务以方便其工作,可是王泽山从来没有让学校为他派过车。为了节省时间,王泽山在年近70岁的时候考取了驾照,平时上下班或在南京及周边地区出差,他就自己开车去。

虽然工作时心无旁骛，但王泽山平时对身边人，包括同事、学生、工厂的科研人员和操作工人、车队的司机、招待所的服务员、食堂的厨师等都透露着细心的关怀。"平易近人"是身边人评价王泽山时使用频率最高的一个词。

不论是立项会、评审会还是讨论会，王泽山从来都是先听完其他人的观点再发言。对于错误的观点他不会打断别人立刻反驳，而是以清晰的逻辑、客观的态度和翔实的数据进行论证，让在座的人口服心服。在实验场或工厂里，遇到有人向他请教问题，他总是耐心地解答，不带一丝敷衍。

作为255厂院士工作站的特聘院士，王泽山曾帮助厂里解决过很多技术难题。厂领导多次主动提出每月给他一些专家补贴，可每次都被他谢绝了。五洲工程设计研究院想聘任王泽山做工艺创新方面的特聘顾问，王泽山欣然应允，可前提却是"不要仪式、不要报酬"。

"他好像永远都不知道疲倦似的。"这是与王泽山接触过的人对他的印象。随着越来越多的单位慕名而来，王泽山越发感觉到自己的时间不够用了。因此，不论是出差途中还是开会间隙，王泽山都会拿出随身携带的资料阅读并思考问题。"只要是国外没有做的和做不成的，我都要想办法把它做出来，因为火炸药研究已融入了我的生命之中。"

目前，瞄准不用溶剂制出无烟火药这一目标，王泽山带领团队再次向着火炸药领域的重大难题发起了冲击。王泽山说："面对新时代科技强国的召唤，我会在国家和团队需要的时候做一些助力工作，为继续创造世界一流的火炸药成果而努力。为此，我义不容辞！"

（南藜萱）

刘永坦

给雷达装上"火眼金睛"

"如果别人做出来了,我们再跟着做,国防安全会受到影响。"

刘永坦(1936—)

- 中国科学院院士,中国工程院院士
- 国家最高科学技术奖获得者,著名雷达与信号处理技术专家,对海探测新体制雷达理论与技术奠基人和引领者。

碧血丹心图自强

1936年12月1日，刘永坦出生在南京一个温馨的书香门第。生活在内忧外患的乱世，无论什么样的家庭，都无法摆脱那挥之不去的阴霾和苦难。出生不到一年，他就随家人开始逃难。饱受10多年流离之苦的刘永坦自懂事起就对国难深有体会。"永坦"不仅是家人对他人生平安顺遂最好的祝愿，也是对国家命运最深的企盼。正因为如此，自强、强国的梦想从小就在他的心里深深扎下了根。

刘永坦在实验室

1953年，刘永坦怀着投身祖国工业化的决心，以优异的成绩考入哈尔滨工业大学（简称哈工大）。1958年，他走上了讲台，正式成为哈工大的青年教师和科技工作者，成为向科学进军的中坚力量之一。

1979年6月，刘永坦到英国埃塞克斯大学与伯明翰大学进修和工作。伯明翰大学电子工程系拥有丰富的文献资料和先进的实验设备，聚集着一大批研究雷达技术的知名专家和学者，刘永坦的合作教授谢尔曼就是其中之一。刘永坦来进修之前，这里曾接收过少量中国留学生，不过，他们大多做的是科研辅助工作。

了解情况之后,刘永坦心里不是滋味。因此,他更加严格地要求自己,铆足劲去学。刘永坦常常提醒自己:"我是一名中国人,我代表着中国新一代知识分子的形象。"

刘永坦的勤奋、刻苦和才华赢得了谢尔曼的信赖和赏识。谢尔曼开始让他帮带博士生,并让他参与重大科研项目"民用海态遥感信号处理机"的全部研制工作。一年多以后,他顺利完成了具有国际先进水平的信号处理机研制工作。

通过这次难得的科研任务,刘永坦对雷达有了全新的认识。传统的雷达虽然有"千里眼"之称,但也有"看"不到的地方。世界上不少国家致力研制新体制雷达,从而使"千里眼"练就"火眼金睛"的本领。

"中国必须发展这样的雷达!这就是我要做的!"刘永坦说,"我学有所成,当然要回国。在英国,无论我工作多么努力,取得了多大的成绩,终归是在给别人干活。回到祖国,我可以堂堂正正地在成果上署上自己的国籍'中华人民共和国',这种心情是何等舒畅!"

壮士归来获突破

1981年的金秋,进修结束后,刘永坦立刻起程回国。此刻,他的心中已萌生一个宏愿——开创中国的新体制雷达之路。

新体制雷达被称为"21世纪的雷达"。新体制雷达不仅代表着现代雷达的一个发展趋势,而且对航天、航海、渔业、沿海石油开发、海洋气候预报、海岸经济区发展等领域都有重要作用。20世纪70年代中期,中国曾经对新体制雷达进行过突击性的会战攻关,但由于难度太大、国外实行技术封锁等诸多因素,最终未获成果。

除了基本理论和思路外,刘永坦根本找不到多少资料,更没有相关的技术可供借鉴。当时有人说,大的研究院所尚且不具备这样的条件和能力,更别说一所大学了;还有人说,这样的研究风险太大,周期太长,很可能把时间和精力都搭进去了却一事无成。但是,刘永坦不改初衷。

刘永坦(右二)指导学生

1982年初春,刘永坦专程赶赴北京,向当时的航天工业部预研管理部门领导汇报,翔实地介绍了当时发达国家新体制雷达发展的动态,并畅谈了自己的大胆设想。预研管理部门的领导当场拍板支持刘永坦的设想,希望他迅速组织科技攻关力量,早日把新体制雷达研制出来。

这是一场填补国内空白、从零起步的具有开拓性的攻坚战。经过800多个日日夜夜的努力、数千次实验、数万个测试数据的获取,刘永坦主持的"新体制雷达关键技术及方案论证"获得丰硕成果,系统地突破了传播激励、海杂波背景目标检测、远距离探测信号及系统模型设计等基础理论局限,创建了完备的新体制雷达理论体系。这些关键技术的突破为中国新体制雷达研制成功打下了良好基础。

功夫皆是苦中来

刘永坦和他的团队已经完成了预研使命,完全可以结题报奖了。但是,他认为仅仅"纸上谈兵"是不够的,国家真正需要的是进一步建立有实际意义的雷达实验站。1986年,刘永坦开始主持"新体制雷达研究"项目,再一次出发,为研制完整的雷达系统而奋力拼搏。从1987年开始,刘永坦和他的团队还承担了国家"863"计划项目新体制雷达研制工作。他们与我国航天领域有关研究所联合,成功研制了中国第一台逆合成孔径实验雷达,为中国雷达技术的进一步发展奠定了坚实的基础。

作为主帅,刘永坦承担着比别人更加繁重的工作。他每天工作十几小时,常常由于赶不上吃饭而用面包充饥,困了就倒在实验室的板凳上凑合一觉。超负荷的脑力和体力付出,铁打的汉子也会被击倒,令人疼痛难忍的腰椎间盘突出症曾让他几个月不能行走。有一次,在攻克某个关键技术时,他因为长期劳累而倒在了现场。上不了"前线",就"运筹"于病床之上,刘永坦躺在床上,坚持和大家一起"奋战",终于打败了挡在必经之路上的"拦路虎"。

这群优秀的科技工作者顶风冒雪,日晒雨淋,终于在1989年建成了中国第一个新体制雷达站,成功研制出我国第一部对海新体制实验雷达。

1990年4月3日,对于团队所有人来说,都是一个难忘的日子。这一天,他们首次完成了我国对海面舰船目标的远距离探测实验,这标志着我国新体制雷达技术实现了对海探测技术的重大突破。当目标出现在屏幕上时,团队成员都流泪了,为的是成功后的狂喜,为的是8年来不为外人知晓的艰辛。

宝剑锋从磨砺出

研究成果虽然获得了国家科学技术进步奖一等奖,但刘永坦觉得远远不够。他认为这些成果倘若不能变成真正的应用,无疑就像一把没有开刃的宝剑,好看却不中用,这对国家来说是一种巨大的浪费和损失。

一切为了国家的需要。面对人生的又一次重要抉择,刘永坦又一次做出了继续勇往直前的决定。

为了满足国家海防远程探测的迫切需求,必须研制具有稳定、远距离探测能力的雷达,然而,从原理到工程实现,涉及电磁环境复杂、多种强杂波干扰等国际性技术难题。面对世界各国均难以逾越的技术障碍,刘永坦带领团队,历经上千次实验和多次重大改进,对长期以来困扰雷达的诸多威胁提出了有效

刘永坦始终关注雷达技术创新

的对抗技术措施,终于在 21 世纪初形成了一整套创新技术和方法,攻克了制约新体制雷达性能发挥的系列国际性难题。

宝剑锋从磨砺出,梅花香自苦寒来。按照国家有关部门提出的继续提高雷达性能的要求,又是 10 余年的艰辛努力和刻苦攻关,刘永坦和他的团队再次圆满完成了任务,2011 年成功研制出我国具有全天时、全天候、远距离探测能力的新体制雷达——与国际最先进同类雷达相比,系统规模更小,作用距离更远,精度更高,造价更低,总体性能达到国际先进水平,核心技术处于国际领先地位。这标志着我国对海远距离探测技术的一项重大突破。

由于在雷达、制导技术方面的创造性科学成就和突出贡献,刘永坦 1991 年当选为中国科学院学部委员(院士),1994 年当选为中国工程院首届院士,但他从来没有"因为走得太远而忘记为什么出发"。

"雄关漫道真如铁,而今迈步从头越。"刘永坦始终有一种强烈的紧迫感和使命感。他始终不忘初心,一直践行着身为知识分子的强国梦想和爱国情怀,凝聚了一支专注海防科技创新的"雷达铁军",培养了包括两院院士在内的一批科技英才,耄耋之年仍奔波在教学、科研一线,继续为我国筑起"海防长城"贡献力量。

(吉　星)

钱七虎

毕生铸盾为报国

"只有始终不忘初心,心怀感恩,把个人理想与党和国家的需要、民族的前途命运紧密联系在一起,才能有所成就,彰显价值!"

钱七虎(1937—)

- 中国工程院院士
- 防护工程专家,国家最高科学技术奖获得者。建立了我国现代防护工程理论体系,解决了核武器空中、触地、钻地爆炸以及新型钻地弹侵彻爆炸等工程防护关键技术难题,为我国防护工程各个时期的建设发展做出突出贡献。

铸就坚不可摧的"地下钢铁长城"

1965年,钱七虎从苏联莫斯科古比雪夫军事工程学院学成回国,获得工学副博士学位。根据组织安排,钱七虎担任了原西安工程兵工程学院教员。从那时起,为国家铸就坚不可摧的"地下钢铁长城"就成了他毕生的事业追求。

钱七虎(右)青年时期工作照

"世间万物,相生相克,有矛必有盾。"那个年代,我国面临严峻核威胁。在钱七虎看来,如果说核弹是对付敌对军事力量的锐利的"矛",那么防护工程则是一面坚固的"盾"。

"防护工程是我们国家的地下钢铁长城,'矛'升级了,我们的'盾'就要及时升级。"从那时起,为国设计打不烂、炸不毁的"钢城坚盾"成了他一生未曾动摇的目标。

后来,钱七虎受命进行空军飞机洞库防护门的设计,为了找准原有设计方案存在的问题及其原因,他专门到核爆试验现场调查研究。但凡有成就的科学家，往往有着敏锐独到的眼光。钱七虎发现飞机洞库的防护门虽然没有被炸坏，里面的飞机也没有受损，但是防护门发生了严重变形导致无法开启。

"门打不开，飞机出不去，就无法反击敌人。必须找出问题，进一步优化设计方案。"钱七虎首先想到的是改良传统手算模式，使用先进计算理论和设备。那个时候，有限单元法作为一种工程结构问题的数值分析方法刚刚兴起，他决定用这种方法解决飞机洞库门的计算问题，这在当时属国内首创。

当时先进的计算设备是晶体管计算机，自己单位还没有。辗转多方协调，钱七虎联系到国内少数几个拥有大型晶体管计算机的科研单位借用。刚开始，面对从未接触过的巨型计算设备和天书似的上机手册，整个团队一时间有些束手无策。此前，尽管钱七虎自学了计算机基础理论，但从没有上机操作过。于是，他把自己关在房间里啃这本"天书"。两天后，当他再次站在团队成员面前，说的第一句话是："可以上机操作了！"两天时间，他不仅看懂了，而且着手编写大型防护结构的计算程序。

钱七虎利用有限单元法进行工程结构的计算，解决了大型防护门变形控制等设计难题。为了缩短防护门的启闭时间，他创新性提出使用气动式升降门方案。面对厚重的大型防护门，试验一次次宣告失败。钱七虎说："气动试验做了几十次，用了整整一年时间。失败了总结一下，就接着准备下一次试验，每一次试验都是学习提高的过程。不知道的东西经过总结学习变成知道的，那真是十分愉快的事情。"

那段时间，他经常睡在办公室。历时两年多，钱七虎成功设计出当时国内跨度最大、抗力最高的飞机洞库防护门。那年，他38岁。

"矛"与"盾"总是在攻防对抗的进程中不断碰撞出新的"火花"。随着侦察手段的不断更新、高技术武器与精确制导武器的相继涌现，防护工程在高度透明化的战场中，常常是"藏不了、抗不住"，特别是世界军事强国开始研制精确制导钻地弹，给防护工程造成了巨大威胁和挑战。

为此，钱七虎决定勇敢进军抗深钻地武器防护系统研究。通过调查研究已解密公开的苏联地下核试验等大量资料，经过近千次细致的推导计算，他创造性地提出了建设深地下防护工程的总体构想，并带领团队开始了艰难的跋涉。

功夫不负有心人。经过长达10多年的研究，他和团队攻克了一个个难关,构建了破碎区受限内摩擦模型,研究了地冲击诱发工程性地震的不可逆运动规律和深部施工灾变孕育演化机理,为抗钻地核武器防护工程的设计与建设提供了理论依据,也为我国战略工程安全装上了"金钟罩"。

"科学道路上没有平坦的大道,只有不畏劳苦沿着陡峭山路攀登的人,才有希望达到光辉的顶点。"马克思的这句话始终激励着钱七虎。面对一项项世界级国防工程的防护难题,他带领团队瞄准前沿,迎难而上,一次次科研攻关,一次次破解难题,参与并见证了我国防护工程研究与建设从跟跑到并跑,再到有所领跑的全过程,为铸就我国坚不可摧的"地下钢铁长城"做出了杰出的贡献。

心中深埋矢志报国的种子

1937年10月,在一艘小船上,一个小生命呱呱坠地。那时,谁也不会想到,80多年后,他能够成为我国防护工程领域的领军人物,最终站上国家最高领奖台。

那一年,淞沪会战爆发,日本侵略者占领上海。血腥的战争逼迫邻近的江苏昆山,人民流离失所。在那个风雨飘摇的年代,钱七虎在母亲逃难途中出生,因家中排行老七,取名"七虎"。

在抗日战争的枪炮声中,钱七虎度过了穷苦的童年时期。他7岁丧父,家里全靠母亲摆小摊维持生计,他置身于当时的动荡家国,饱受战乱带来的困扰。中华人民共和国成立后,依靠政府的助学金,钱七虎完成了中学学业。强烈的新旧社会对比,在他心中深深埋下了矢志报党报国的种子。

探索城市地下空间新领域

"前进,就要走前人没有走过的路!"钱七虎从军60多年,为军事防护工程做出了杰出贡献,他的科研触角还不止于此。他始终认为,作为中国工程院院士，他有责任、有义务关心研究国家的建设发展，这也是一名科学家必须具备的情怀和担当。

钱七虎敏锐地发现，当前，地上空间利用远远跟不上人口的增长，拥堵、污染让人们患上了"都市焦虑症"。未来城市的发展必须充分开发利用地下空间。如何向地下要空间，让城市更紧凑，这是钱七虎必须面对的科研新挑战。21世纪初，钱七虎在全国政协会议上交出了城市发展向地下延伸的提案。作为中国最早的一批推动者，他预见到未来将会是新型多元的城市空间。

2002年，党和国家领导人在北戴河召见了钱七虎等50位科学家。当时，钱七虎提出在长江上修建越江隧道。两年多后，南京长江隧道纳入南京"五桥一隧"总体规划。这让钱七虎兴奋不已，作为专家委员会主任，他也深知肩上责任之重。

南京长江隧道是当时已建的隧道中地质条件最复杂、技术难题最多、施工风险也最大的工程，被称为"万里长江第一隧"。如何进行隧道掘进，确定工程建设方案，是钱七虎首先要解决的问题。一开始，设计单位提出了用"沉管法"，钱七虎却认为用"沉管法"存在安全隐患。

"由于三峡水电站的修建，泥沙含量将大为减少，长江中下游冲将大于淤。经过几十年、上百年江水冲刷，冲淤平衡被破坏，下游的管道就会露出江底，'沉管法'隐患太大！"钱七虎说道。

为此，他建议采用盾构机开掘隧道。运用直径14.93米、近5层楼高、长130余米的盾构机，在长江河床底下开凿南京长江隧道，一时成为人们关注的热点。盾构机面临如此复杂的地质环境，这在世界上尚属首次。

攻关这个项目犹如在刀尖上行走。钱七虎要求大家如临深渊，如履薄冰。盾构机有4000吨的质量，一旦开掘就只能进不能退。钱七虎预见到长江复杂的地质情况将会加剧盾构机刀具磨损，就向德国厂家提出将刀具改良为常压下可拆换式，并做好因刀具磨损故障更换准备。

2008年8月，最担心的事还是发生了。当盾构机掘进第659环时，因刀具、刀盘磨损严重，盾构机突然停止工作。这个庞然大物静静地待在长江下面的岩层中。一夜之间，街头巷尾议论纷纷，远在某电站的钱七虎当即表示："工程绝不能报废，更不会'烂尾'，我们一定能解决。"

对已经从事科研43年的钱七虎来说，继续隧道工程，除了多年积累的经验,还要有一种偏向虎山行的魄力,这种精神是撕开乌云的一道强光。后来在钱七虎的建议下,磨损刀具更换,刀盘修复,国内厂家对刀具进行自主改良。改良后的刀具性能大幅提升,南京长江隧道掘进历经磨难,再次启程。

2010年5月28日,南京长江隧道在历经5年的建设之后全线通车运营。作为长江上隧道长度最长、盾构直径最大、工程难度最高的工程之一,南京长江隧道获得鲁班奖、国家科技进步奖等10多个奖项。钱七虎被授予"南京长江隧道工程建设一等功臣"。

钱七虎还建立了我国第一套"城市核毁伤效应"与"防护工程毁伤分析"等理论模型和方法,由他主持制定的我国首部某工程防护标准获得国家人防科技进步一等奖,并在全国60多个大中型城市的毁伤分析中广泛应用。

作为多个国家重大工程的专家组成员,他在港珠澳大桥、南水北调工程、西气东输工程、能源地下储备、核废物深地质处置、地下施工盾构机国产化等方面提出了切实可行的决策建议,并多次赴现场提出关键性难题的解决方案。他还进行了城市地上地下空间一体化规划的理论体系和实践探索,先后组织编制了全国20多个重点设防城市的地下空间规划。

老骥伏枥,志在千里。耄耋之年的钱七虎仍以满腔热情履行着自己作为中国工程院院士的职责。他积极为决策部门出谋献策,共向国家部委提交27份研究报告和提案。

"做科研工作,不能仅仅着眼当下看得见的事情,更应该站在国家的全局进行前瞻思考,哪些事情对国家和人民有利,我们的兴趣和爱好就要向哪些事情聚焦。"谈及自己的经历,钱七虎斩钉截铁地说道。

(科学画报编辑部)

第四章 为人民创造美好生活

> 袁隆平梦到,水稻长得像高粱一样高,稻穗有扫帚那么长,籽粒像花生米那么大,他和助手们坐在稻穗底下乘凉。

> 秦裕琨带领学生和工人制造出了我国第一台自然循环热水锅炉。直到今天,我国很多地区冬季采暖还在采用他设计的这种锅炉。

> 重金引进的外国生产线出了问题"趴窝"了,而国产生产线和码垛机器人的表现堪称完美,蔡鹤皋带领团队逐步收回被国外机器人生产线占领的国内市场。

> "蛟龙"号第一次海试,徐芑南不顾病痛,坚持和大家一同上工作母船,上船时,花花绿绿的药品和氧气机、血压计等必备器械装了满满一大箱。

> 在抗击SARS过程中,钟南山默默承受着巨大的心理压力,几次到父亲墓前静静地坐着。最终,他带领团队摸索出有效的治疗方案。

> 经过长达16年的艰辛实验,管华诗带领团队构建了国内外第一个"海洋糖库",制备出了多种高纯度寡糖,其中有70%的化合物属世界首次发现。

袁隆平

拯救饥饿

"科学探索无止境,在这条漫长而又艰辛的路上,我一直有两个梦,一个是禾下乘凉梦,一个是杂交水稻覆盖全球梦。"

袁隆平(1930—2021)

- 中国工程院院士
- "杂交水稻之父",共和国勋章获得者。一生致力于杂交水稻技术的研究、应用与推广,为我国粮食安全、农业科学发展和世界粮食供给做出杰出贡献。

他不是农民却酷似农民,心系农民;一位农民因为感恩,自掏腰包请人为他塑像;2000年,以他的名字命名的股票上市发行,其无形资产高达1 008亿元;1999年,国际小行星命名委员会批准将一颗小行星以他的名字命名……他就是被人们称为"杂交水稻之父"的袁隆平。

美丽的"禾下乘凉梦"

6岁那年,刚上小学一年级的袁隆平郊游时被乡村美景深深吸引,心中悄悄设定了今后的人生方向。十几年后,他考取了西南农学院(现西南大学),成为新中国第一代大学生。从此,他的命运与中国十几亿人吃饭的大事牢牢系在一起。

袁隆平的"禾下乘凉梦"

20世纪60年代初,袁隆平在湖南安江农校任教。那时,水稻亩产量也就两三百千克,种田的人都希望能获得良种提高产量。但是,一直以来,农民们只能依靠目测来选择稻田里长得最饱满的稻穗留作来年的种子,增产极为缓慢。农民对水稻增产的要求变成扎在袁隆平心头的一根针,让他痛,让他动。

在此后半个多世纪的时间里,他的研究一刻都没有离开过这个方向。

20世纪八九十年代,袁隆平多次做梦,他称之为"禾下乘凉梦":梦中水稻长得像高粱一样高,稻穗有扫帚那么长,籽粒像花生米那么大,他和助手们坐在稻穗底下乘凉。俗话说,做梦娶媳妇是最美的,而袁隆平说,这个梦是他一生中最美丽的梦想。

创新培育杂交稻

学生时代的袁隆平不是一个循规蹈矩的学生。也许正是这样的性格,袁隆平一生对任何事情都要进行独立思考,并得出与众不同的见解。

1988年袁隆平(左)与助手在田间

20世纪60年代初期,学术界普遍认为自花授粉的水稻不具备杂种优势,因此不能通过杂交改良品种。世界上几个水稻大国曾经尝试用杂交的方法改良水稻品种,但用了30多年的时间也没能成功。因此,有权威断言:搞杂交水稻没有前途,此路不通。在安江农校任教的袁隆平却对此提出了怀疑,开始进行水稻杂交试验。

杂交水稻是对水稻进行一场脱胎换骨的革命,其难度属于世界级别。一位年方三十、名不见经传的偏远山区的中专教师,竟敢冒犯农学权威,质疑国际公认的经典理论。当时不知有多少人嘲笑、讥讽袁隆平,但他一笑了之。

水稻是雌雄同蕊、自花授粉作物,要实现水稻杂交,第一个关键就是要培育雄性不育系即雄性花粉退化的水稻。袁隆平考虑首先要找天然的雄性不育植株。1964年6月,当早稻开花吐蕊时,袁隆平拿着放大镜,扒着稻花,在稻田中展开地毯式搜索。功夫不负有心人,第十六天,一株天然的雄性不育植株终于被发现!这意味着他终于拿到了进入杂交水稻这座"黑屋"的通行证。

经过2年的观察试验,1966年2月,袁隆平发表了论文《水稻的雄性不孕性》。这是世界上第一篇论述水稻雄性不育的论文,标志着我国杂交水稻事业开始起步,陈旧落后的理论从此开始被颠覆。

为了加快育种的速度,从1968年起,每年冬天,袁隆平就和助手一起像候鸟一样赶到海南搞水稻育种。1970年11月23日,袁隆平的助手在海南一处野生水稻密集的沼泽地里,发现了一株雄花败育的野生稻,袁隆平将之命名为"野败"。令人感动的是,袁隆平毫无保留地及时向全国育种专家通报了这个新发现,并把这株"野败"拿出来,供大家共同研究。正是因为拥有这样的胸怀,在袁隆平的领导下,中国终于在世界上首次成功培育出三系杂交水稻。

自然探秘永无休

在袁隆平家的客厅里,悬挂着他的一首自勉诗:"山外青山楼外楼,自然探秘永无休。成功易使人陶醉,莫把百尺当尽头。"的确,敢于创新、不断创新正是袁隆平科学活动的突出特点,也是他的魅力所在。

1986年,56岁的袁隆平在首届国际杂交水稻学术讨论会上语出惊人:三系杂交稻的潜力已经到了极限,很难再有进展,应该把三系简化为两系。有人劝他说,你现在已经有这么大的成就,如果两系杂交稻不能成功,会影响你的名声。袁隆平却说:科学研究就像跳高一样,需要不断超越。即使我研究不出来,也能为后面的人积累经验,自己的名誉、得失又算得了什么?

三系、两系杂交稻相继成功以后,袁隆平再次锁定超级杂交稻的目标。从

1967年袁隆平(右)在试验田介绍雄性不育水稻

1997年提出超级杂交稻育种理论和技术路线开始,袁隆平给自己定了4年时间,计划到2000年使我国水稻平均亩产从不足500千克增加到700千克。新千年到来的时候,70岁的袁隆平实现了大面积示范田亩产700千克的超级稻第一期目标。

2001年,袁隆平在人民大会堂接受首届国家最高科学技术奖的大会上提出,到2005年他75岁时,超级稻第二期目标要实现亩产800千克。此语一出,全场震惊。2004年的时候,亩产800千克的目标居然提前一年完成了。在袁隆平的带领下,中国人只用8年时间就实现了国外15年都没完成的超级杂交水稻计划。这一成就再次令世界震惊!

功成名就后的袁隆平应该歇会儿了吧,可令人难以置信的是,这位老人没有片刻停顿。他又一次把标杆升高,要让中国超级杂交稻冲击第三期目标,在2010年跨越亩产900千克的横杆。亩产900千克的目标实现后,他很快宣布启动第四期超级杂交稻攻关,这次的目标是亩产1 000千克……袁隆平就这样不断追求,继续向更高的目标攀登。

养活中国，惠及世界

1995年，美国世界观察研究所所长布朗博士在《谁来养活中国?》一书中预测:21世纪，没有哪个国家包括中国自己能够养活中国人。1996年，袁隆平以事实有力地批驳了布朗的论调，做出了"依靠科技进步，中国人完全有能力自己解决吃饭问题"的响亮回答。从1975年杂交水稻试种至1995年，在我国耕地面积大幅度减少的情况下，粮食产量反而增加了18 210万吨，杂交水稻对此做出了重要贡献。

中国的杂交水稻不仅确保了中国以仅占世界7％的耕地养活了占世界22％的人口，而且惠及了全世界。目前，杂交水稻已在全世界几十个国家引种和示范，种植面积达800万公顷。袁隆平曾经估算，如果全世界一半的稻田种上杂交稻，每公顷增产2吨，每年增产的粮食可以多养活5亿人口。

可敬可爱的科学家

袁隆平发明的杂交水稻解决了中国和世界吃饭的大事，被国际水稻界称为"东方魔稻"——一个稻作文化的传奇在世界流传。

对科研、对学术，袁隆平有坚忍执着的态度;对生活、对家庭，他有恬淡平常的心性。他七八十岁时还下水游泳，而且曾是湖南省农科院男子100米自由泳的冠军。他酷爱骑摩托车，摩托车曾是他到田里最方便的坐骑，一二十年下来，骑坏了9辆摩托车。

袁隆平喜欢和年轻人在一起，玩的时候很投入，像个好胜的孩子。打排球，他是"主攻手";下象棋，他是"一往无前的攻击型";白天泡在泥水里搞科研，晚上却喜欢静静地拉段小提琴。

这就是我们可敬可爱的科学家袁隆平。

（李 炜）

秦裕琨

为能源事业激情燃烧

"一个人的命运总是和祖国的命运联系在一起的。国家受难,个人没有幸福可言;国家昌盛,个人才能有所作为。"

秦裕琨(1933—2023)

- 中国工程院院士
- 我国热能工程领域研究的奠基人,参与创建了新中国第一个锅炉制造专业,设计制造了第一台自然循环热水锅炉,为国家能源事业以及煤炭的安全、高效、清洁利用做出突出贡献。

闲不住的"秦总统"

1953年,秦裕琨从上海交通大学毕业后,被分配到哈尔滨工业大学(以下简称"哈工大")做师资研究生。后来由于哈工大师资紧缺,研究生在读的秦裕琨成为"小教师"。他一边听课,一边给学生讲课,一边筹建新专业,还编写了中国锅炉专业的第一本国家统编教材《蒸汽锅炉的燃料、燃烧理论及设备》,解决了该专业全国无专门教材可用的困境。

秦裕琨(前排右五)和哈工大研究生班同学合影

闲不住的秦裕琨经常为一些有问题的锅炉"把脉治疗"。因为他勤于钻研,不怕风险,胆子大,"总捅咕",同事们给他起了个形象的外号——"秦总统"。1974年春天,"秦总统"接受了一项任务——对一家单位的蒸汽锅炉进行改造。

20世纪中后期,中国普遍采用蒸汽锅炉采暖,这种方式热得快,凉得也快。秦裕琨的改造方案选用了更节能、更舒适的热水锅炉采暖。当时,世界范围内的热水锅炉普遍采用强制循环,这种方式有个致命的安全隐患:一旦停电,水泵不能正常工作,锅炉无法立刻降温,热水将急剧汽化,从而严重影响锅炉的安全运行,甚至会引发爆炸事故。那时中国的电力供应很不稳定,停电现象时有发生。所以,强制循环热水锅炉存在的弊端,成为亟须解决的科研难题。

改造工作时间紧,任务重,必须在两个采暖期的间隙(4—10月)完成,工期既不能提前,也不能拖后。一旦改造失败或者出现事故,那可就真"捅出娄子"了。经过几个不眠之夜,秦裕琨决定不顾小我得失,接受了这个极具挑战性的科研任务。他的大脑每天都在高速运转,经过大量的资料调研、方案分析论证,他首次在国内提出热水锅炉自然循环的学术思想:研制新型采暖锅炉,变强制循环为自然循环,热水锅炉的安全性问题便迎刃而解了。

有了思路,秦裕琨不舍昼夜地绘制草图,后来甚至直接搬到了锅炉房,吃住都在那里。经过两个月的攻关,自然循环热水锅炉的图纸终于设计出来了。紧接着,他带领学生和工人投入更加艰难的制造过程。最终,他们像蚂蚁啃骨头一般,制造出了我国第一台自然循环热水锅炉,并于同年冬季成功运行,由此掀开了我国工业锅炉制造史上新的一页。直到今天,我国很多地区冬季采暖还在采用他设计的这种锅炉。

"光在屋里搞理论不行,所有科研成果必须经得起实践检验。"20世纪七八十年代,根据不断成型的科学理论,秦裕琨改造和"救治"的大大小小锅炉不计其数。许多锅炉的"疑难杂症",他都是"手到病除"。

从小就有个强国梦

秦裕琨生于上海,从小在法租界长大,经历了"身处中国的土地却与外国人不平等"的时代。那时政府无能,时局动荡,民生艰难。他的大伯就是在街上行走时突然被日本人抓走,从此杳无音信。国恨家仇激发了秦裕琨的爱国情怀,让他从小就有个强国梦。

1950年，17岁的秦裕琨考取上海交通大学机械制造系，成为新中国成立后的第一届大学生。"说实话，当时我并不知道机械具体是做什么的，只想着新中国成立后，国家要发展建设，需要强大的工业，而工业的基础是机械——飞机、大炮、坦克是机械，汽车、轮船、火车也是机械……国家迫切需要机械方面的人才。"年轻的秦裕琨满怀报国之志。

1953年，我国开始实施第一个"五年计划"，国家急需大量人才，秦裕琨提前一年毕业了。秦裕琨的3个分配志愿依次填写了东北、西北、华北。秦裕琨说："苏联援助中国的156个国家重点建设项目大多在那几个地区，特别是东北地区有56个，占全国三分之一还多。"当时很多青年学子都像秦裕琨一样，怀着建设新中国的信念做出了相同的选择。

新技术要用到实处

20世纪90年代，秦裕琨将研究方向转向煤粉燃烧。那时候国产锅炉技术不过关，许多国家重点工程或特殊企业都依靠进口锅炉。对此，秦裕琨不以为然："外国的锅炉到中国不一定好用，毕竟燃煤的质量不一样，面临的问题各有差异。"

秦裕琨将科研方向集中到更为尖端而迫切的领域——火电厂的煤粉燃烧技术。凭着严谨的科学态度、渊博的专业知识，他对国内外的研究方法做了详尽分析，敲定了"风控浓淡煤粉燃烧技术"这一新课题。

这是一项非常具有挑战性的难题。秦裕琨领衔的课题组刚组建时只有4个人，而且资金少得可怜。从1991年开始，在没有经验、经费紧张、前途未知的情况下，他带领课题组走进了空荡荡的实验室。经过艰苦攻关，1993年，煤粉燃烧技术在实验室获得成功。但在短暂的兴奋之后，他很快回归冷静："在实验室成功不算本事，工科的成果如果用不到实处，就没有多少意义！"

秦裕琨的目光转向了新技术的实际应用，可新技术未经实践，哪家电厂都

秦裕琨(左)、蔡鹤皋在工厂考察

不愿或不敢冒风险使用。八方奔走均未成功,有人泄气了,但他依然信心满怀:"那些大厂子不愿意干,咱就找小厂子;新锅炉不让改,就改造旧锅炉。"

功夫不负有心人。课题组最终找到了一家电厂,在一台几乎报废的锅炉上做起了实验。结果喜人——新技术不但把"死马"医活了,而且热效率超过了新锅炉。

凭借深厚的学养,秦裕琨提出的设计理念沿用至今。他综合"风包粉"和"浓淡燃烧"思想,针对不同燃烧方式和煤种,开发了一系列浓淡煤粉燃烧技术。这些科研成果提高了锅炉低负荷稳燃烧能力,降低了氮氧化物的排放,防止了结焦及高温腐蚀,使燃煤保持相当高的燃烧效率,覆盖了电厂锅炉的主要燃烧方式和煤种。除用于电厂改造外,我国各大锅炉厂都已用这些技术进行产品设计和技术改造。

从直流到旋流,从小机组到大机组,从东北地区到中原地区,应用新技术的锅炉新增容量以几何级数增长,仅在新技术推广初期的2001年前后,秦裕琨团队每年为社会创造的直接经济效益就达1.3亿元以上。2001年2月,秦裕琨参加了在人民大会堂举行的国家科学技术奖励大会,获得了2000年度国家技术发明奖二等奖。也就是在这一年,他当选为中国工程院院士。

秦裕琨始终与时俱进，面向未来。他通过言传身教建立起一支能打硬仗、团结协作、充满生机的学术梯队。他领导下的课题组从小到大，由弱到强，逐渐发展成为一个具有强大科研攻关能力的创新团队。毫无疑问，队伍能发展壮大，与秦裕琨的人格魅力和指导思想密不可分。

在三尺讲台上辛勤耕耘

秦裕琨既是燃烧学领域的先行者和大家，也是教育创新与改革的先锋；他既是一位富于创新精神的人民教师，也是一位成功的教育管理专家。他从事教育科研事业 60 余年，无论做普通教师，还是担任领导之职，他都强调教师要把书教好，只有培育出更加优秀的人才，中国的教育和科研事业才有希望。

秦裕琨（中）与青年学生合影

秦裕琨在三尺讲台上辛勤耕耘了一辈子。他总是不忘深入教学一线了解学生的学习情况和思想动态，一方面适时调整相关举措，一方面现身说法，常

秦裕琨阅读文献

年坚持为学生做讲座。很多人都对他"学就学好,干就干好"的心法耳熟能详,真正理解了学知识、做课题对培养科研能力的意义。

他曾获"全国师德标兵"称号、中国老科学技术工作者协会突出贡献奖,先后获评省市级优秀教师、先进教师、研究生优秀导师,两次获评省优秀共产党员,他主持的"教书育人,促进学生全面发展"项目获省优秀教学成果一等奖……他受学生深深爱戴,被大家尊称为"心里装的都是学生的老先生""有崇高理想的知识分子"……他用高尚的人格、无私的奉献精神,感动着人们,激励着人们。

了解秦裕琨的人都说,秦院士就是一团熊熊燃烧的烈火,他一生都在不断燃烧自己,为中国能源事业照亮前进的道路,为后辈能源专业人才带来温暖与能量。

(吉　星)

蔡鹤皋

做中国自己的机器人

"一定要为中国人争气,让国产机器人替代进口机器人!"

蔡鹤皋(1934—)

- 中国工程院院士
- 中国机器人及机电一体化专家,中国工业机器人领域科研和产业化的奠基者之一。

留学美国,从头学习计算机

1979年,蔡鹤皋获得国家公派赴美国加州大学伯克利分校工学院机械工程系深造的机会。"当时国家在经济那么困难的情况下,每个月给我们400美元,支持我们到美国去学习,要知道当时我的月工资才56元。我心里感到亏欠国家,就由衷地产生一个报恩的念头:一定要学成回去报效祖国,不辜负祖国对我们的培养。"

蔡鹤皋研制弧焊机器人

蔡鹤皋的第一个课题是弧焊机器人机构和控制系统的研究。可是到美国之前,蔡鹤皋连计算机都没见过,更别说这个课题所涉及的计算机实时测试与控制、机器人运动学及轨迹插补、计算机接口技术、驱动及位置反馈、控制逻辑与算法……一切都必须从头学起。巨大的落差和挑战没有吓倒蔡鹤皋,反倒激起他的拼搏激情和奋进动力。

蔡鹤皋发现晚上和周末在实验室工作的人少,这对他使用计算机做实验和研究很有利。于是,蔡鹤皋几乎把所有周末和晚上都用于实验室工作,经常通宵达旦。从接口电路装调、控制软件编制,到机器人机械系统的改进……他经历着一次次失败,也欣喜于每一次进步和成功。

两年时间里,蔡鹤皋不仅掌握了所学领域的基本知识,还帮助导师完成了计算机控制机器人的研究项目,发表了三篇高质量学术论文。尤其是他的研究项目解决了弧焊机器人拐弯轨迹精度的难题,引起国际学术界的关注。他的研究成果被导师纳入了研究生教学内容。

蔡鹤皋忘我的学习状态和聪慧的天赋赢得了导师的赞赏。回国前夕,导师又交给他一项课题——声发射技术在磨削过程中的应用。蔡鹤皋问:"这项研究有什么参考资料?"导师回答没有。蔡鹤皋又问:"那您有什么想法?"导师说:"也没有,一切全靠你自己。可能成功,也可能失败;如果成功,那就是世界上的第一。"蔡鹤皋接受了这项任务。勇闯险境的开拓者必有意想不到的收获。他仅仅用了4个月就圆满完成课题,并将研究成果发表在美国机械工程师协会的学术刊物上。

鹤鸣九皋

蔡鹤皋1934年出生于吉林省长春市。面对已经沦陷的东北大地,当私塾先生的爷爷将希望寄托在新出生的孙辈身上,借用《诗经·小雅》中的"鹤鸣于九皋,声闻于野",为他起名鹤皋,字鸣九,寄托人才辈出、为国所用的希冀。

从无到有,开发中国的工业机器人

"人民像养蚕一样供养我,现在我已经学到了技术,该是吐丝报答他们的时候了。"1982年4月,蔡鹤皋如期回到了阔别两年多的母校哈尔滨工业大学。

经过留学美国这段经历,蔡鹤皋想做中国自己的机器人的愿望很强烈,但那时社会上有种普遍的论调:中国人力资源如此丰富,哪里需要什么机器人。

尤其是1978年日本广岛某工厂的第一起切割机器人杀人事件震惊了世界，更是给机器人的发展蒙上了一层阴影。但蔡鹤皋认为，随着中国科学技术的发展，机器人技术的跟进刻不容缓，这是实际需求，也是战略需要。

蔡鹤皋暗暗下定决心："一定要研制弧焊机器人，代替手工焊接，解决生产急需。即便顶着很大的压力也要做。"这一年暑假，蔡鹤皋去航天工业部汇报，提出研制工业机器人的建议。"我已经拥有自主研发机器人的能力了。"这句简单朴实又掷地有声的话，预示着中国的机器人研究将有里程碑式的发展。

蔡鹤皋心系民族机器人产业

经过认真调研和论证，1983年7月，航天工业部立项研制焊接机器人，并任命蔡鹤皋担任该项研制任务的总设计师，负责机器人本体和计算机控制系统的设计与研制。蔡鹤皋带领同事和学生在一间狭小而潮湿的地下室搭建了最初的研究室，开始了中国第一台弧焊机器人的研制工作。

最困难的还是人才奇缺，蔡鹤皋和三名老师带着几名研究生，就是研究组最初的所有成员。老师是从头开始探索，学生也是现学现用。由于航天工业部要在1985年6月北京举办的全国科技成果展览会上展出这台弧焊机器人，这意味着项目必须提前7个月验收。当接到参展通知时，留给蔡鹤皋他们的时间已不足三个月。团队在实验室摸爬滚打，夜以继日地工作，实在困了累了，他们就轮流倒在躺椅上眯一会儿，然后接着干。

"蔡老师，您的眼睛都是血丝，休息会儿吧。"有一次大家告诉蔡鹤皋，他的眼睛出血了。蔡鹤皋找来镜子后，吓了一跳——整个眼球除了黑眼球全是通红通红的。他有些慌了，关键时刻眼睛可不能有事，于是赶忙去找校医。医生告诉他："这是眼球血管破裂，是劳累过度引起的。没什么好药，好好休息是可以复原的。"听到这里,蔡鹤皋放心了,揉了揉通红的双眼,又扎进了与机器人的"对话"之中。

心血和汗水终于换来了全国科技成果展上的一鸣惊人。1985年6月,中国第一台弧焊机器人"华宇-1型"问世。作为这次展览会上展出的唯一一台机器人,它的亮相受到国内外科技界人士的广泛关注。香港报纸发表《人造卫星、机器人同时亮相》的报道,更增加了这一新闻的轰动效应。

这一天,距蔡鹤皋回国,仅仅过了三年。

1986年除夕之夜,这台被寄予厚望的弧焊机器人焊成了第一批试件,技术性能完全达到设计指标。在那个万家团聚的夜晚,蔡鹤皋和他的同事面前只有几杯清水和几袋鱼皮花生;但是,蔡鹤皋内心充满了喜悦,在历史的浪潮中感受到了科技的春天。

后来居上,国产机器人表现完美

在努力提高机器人理论研究水平的同时,蔡鹤皋还在产业化道路上不断探索。20世纪90年代,大庆石化、天津石化、齐鲁石化等大型国有石化企业生产线长期依赖进口设备,每年要耗费大量外汇。"国外产品的质量并不是很好,但是没办法,我们自己造不了,人家要多少钱就得给多少钱。"蔡鹤皋为此非常痛心。

蔡鹤皋深切地感受到了作为一名科学家所要承受的重担——民族的尊严。于是,蔡鹤皋决定带领团队进行自主研发。他们的第一个项目是为天津石化研制机器人包装码垛生产线。当时,该企业内部形成两派,一派力主用国货,一派坚持从国外进口。双方争执不休,最后决定国内外同时订货,将来自哈工大和外国的两条生产线同时安装在车间里。

"设备要完成称重、装袋、缝口、整形、检测、码垛等工序,称重误差不能超过50克……我们感觉压力很大。但蔡老师坚定地表示,一定要把这个事情做成!"蔡鹤皋的学生、曾任哈工大校长的王树国这样回忆。"当时,蔡老师对我们说:一定要为中国人争气,让国产机器人替代进口机器人!"蔡鹤皋的另一个学生——哈尔滨博实自动化股份有限公司董事长、总经理邓喜军回忆说。

蔡鹤皋(中)研制的机器人写毛笔字

然而,该企业对我国自主研发的设备并不十分信任,只是将蔡鹤皋团队交出的这条生产线和码垛机器人作为备用,给进口设备做"替补"。不久,重金引进的外国生产线出了问题"趴窝"了,而国产生产线和码垛机器人的表现堪称完美。这套设备因为稳定性强、便于维修等特点,很快赢得该企业的认同。这次突破性的成功,更坚定了蔡鹤皋振兴民族工业的想法。从那时开始,他带领团队稳扎稳打,逐步收回被国外机器人生产线占领的国内市场。

"我们国家应该尽快建立具有独立知识产权的民族机器人工业,出产中国品牌的机器人。目前这个进度比较慢,其中有很多原因,我想不只是技术上的原因,还有市场机制、管理机制、资金运作等种种原因。"蔡鹤皋认为,民族工业产业化这条路,虽然艰难,虽然缓慢,但事在人为,总能到达。

(吉 星 何苾菲)

徐芑南

龙宫探宝有"蛟龙"

"深海潜水器就像通往海洋梦想的阶梯，每一份付出都刻上了中国深蓝的不屈和坚持。"

徐芑南（1936— ）

- 中国工程院院士
- 我国深潜技术开拓者和著名专家之一，"蛟龙"号深潜器总设计师。

有勇气还要靠底气

1953年,中华人民共和国成立不久,百废待兴。造汽车、造飞机、造轮船,成了很多年轻学子的理想。17岁的徐芑南从上海南洋模范中学毕业,理想是学造船,保卫祖国的海疆。通过努力,他如愿考入了上海交通大学造船系。

徐芑南回忆说:"在母校期间,我得到了良好的基础教育和专业训练,也受到了母校优良传统和严谨校风的熏陶。导师们深厚的科学素养、严谨的治学态度、勇于创新的钻研精神、博爱的大师风范深深影响着我,让我终身受益。"四年半的大学生活,他打下了扎实的理论功底。毕业后,他被分配到中国船舶科学研究中心,从此他与潜艇结下了不解之缘。

在研究所,他做的第一件事就是水滴型核动力潜艇模型水动力试验,项目总设计师是同为上海交通大学校友的"中国核潜艇之父"黄旭华。徐芑南学的是船舶设计,对潜艇的了解非常有限。"学的东西都用上了,但还不够。"徐芑南说,"很多知识有相通之处,但毕竟水上和水下差距太大。"于是他边找材料边学习边做试验,在前辈的帮助下完成了任务。

刚工作就遭遇一个下马威,徐芑南意识到,年轻人光有勇气还不够,更重要的是要有底气,而底气来自知识的积累。于是,他主动请缨,去青岛潜艇基地当了一名"舰务兵"。在当兵的一个月时间里,他把潜艇的原理、各个舱段的分布与仪器安装使用等情况都摸得一清二楚。然后,他又要求去潜艇修理厂实习。

短短三个月,他对潜艇知识的了解有了质的飞跃。"我终于知道该怎么干了。"徐芑南的底气渐渐足了,从此他心中萌生了一个美丽的梦想:造出世界上最领先的载人潜水器,为我国海洋科考开辟更广阔的领域。

未完成的心愿

当年轻的徐芑南刚开始建立起对潜艇的认识并准备大干一场时,美国、苏联等国家已经开始向大洋深处进发,载人深潜技术突飞猛进。1964年,美国的

徐芑南（中）与外国专家合影

"阿尔文"号已经能够下潜到距海面2 000米以下。

年轻的徐芑南急啊，他在工作之余找了很多书来看，想从中寻找灵感。不久，"文革"开始了，当有些人热衷于"抓革命"时，徐芑南还在"促生产"。人手少忙不过来，很多时候他都是一个人完成几个人的任务。从行车指挥、设备安装、实验测试，到写分析报告，他一个人全包了，慢慢就成了个"多面手"。在那个动荡的年代，徐芑南主持与创建了我国最大的深海模拟试验设备群和潜水器耐压壳稳性试验技术，为我国向深海进军奠定了基础。

20世纪八九十年代，徐芑南作为总设计师，创造性地研制出多种型号的无人深海潜水器和水下机器人。他回忆说："因国内种种条件所限，我参与的工作都是带缆的、无缆的大深度无人潜水器及几百米载人潜水器，就是少了大深度载人潜水器。"

事实上，随着陆上资源被不断开采，各国纷纷把目光转向深海——这个地球上最后尚未开垦的资源地。20世纪80年代末期，美、法、日等国先后研制出6 000～6 500米深海载人潜水器。

作为我国深潜领域的开拓者，徐芑南最大的心愿是造出大深度载人潜水器，为中国成为这一领域的领先者出一份力。无奈退休年龄到了，徐芑南只有带着未完的心愿遗憾地离开了单位。1998年,他与老伴一起远赴美国,与儿子、孙子同住,准备安度晚年。

66岁老将再出马

人生总是这样奇妙,在你以为已经没有机会的时候,希望却可能于不经意间在转角处显现。

2002年,徐芑南在美国过着安逸的生活,与家人享受着天伦之乐。一天晚上,他接到原单位所长的越洋电话,和他谈了7000米载人潜水器正式立项的事情。"老徐啊,这可是一个大的系统工程。你做过很多项目,又有多次做总设计师的经验,你得回来,这个总设计师非你莫属。"所长说。

徐芑南在上海交通大学演讲

按国家"863"重大专项对总设计师的要求,年龄不应超过55岁,科技部特地为66岁的徐芑南破此先例。怎么办? 去吧,家人反对,自己的身体也不好,高血压、心脏病,视觉也仅剩一点微弱的光感;不去吧,天天想着这件事就会头痛，这可是几十年来都想完成的一个心愿啊。家人看他茶饭不思，终于同意放行，华东理工大学毕业的老伴和他一起回国参加了课题组，既当助手又可照顾他的身体。

此前，我国的载人潜水器最大下潜深度只有 600 米。从 600 米到 7 000 米，要攻克的重重技术难关可想而知。只要心中有梦，何惧前途艰险。徐芑南全身心投入工作，靠着信念和毅力一步一步走来。他的右眼视网膜已经脱落，左眼视力也不好，要走得特别近才能看清来者是谁，和熟人打招呼全靠辨认轮廓，看资料得用放大镜，或让老伴念给他听。他几乎每年都要犯心脏病，成了医院的常客。每次住院，医生都要求他至少住两星期，可病情稍有好转他就会悄悄溜出医院。

2009 年，"蛟龙"号第一次海试，徐芑南坚持和大家一同上"向阳红 9"号工作母船。他说："本来总设计师是必须上潜水器下潜的，大家照顾我，不让我下潜，我已经是没有尽责了。"

他上船时，花花绿绿的药品和氧气机、血压计等必备器械装了满满一大箱，"吃药就像吃饭一样"。第一次海试刚结束，他在舱室内突发心脏病，同行的人十分紧张，他反而安慰大家："没关系，服了药，平躺一会儿，吸会儿氧就行了。"

徐芑南说，这么大的工程所涉及的面非常广。全国近百个科研院所、工程企业参与攻关，经过一年又一年的努力，大家攻克了一系列深海装备技术瓶颈。2012 年 6 月 15 日至 6 月 30 日连续 15 天时间里，"蛟龙"号 3 次成功深潜至 7 000 米以下，标志着我国从此可以探测到全球 99% 以上的海底。

"蛟龙"成功入海，徐芑南非常兴奋。那一刻，他等了几十年。

梦想就在前方

黑暗沉寂的深海是一个资源宝库，如同传说中藏有无数奇珍异宝的龙宫，而"蛟龙"号就是带领中国人前往龙宫探宝的使者。目前，我国已经在国际海底管理局拿到了多块资源调查合同。例如：在东太平洋夏威夷群岛南边的一块，占地 7.5 万平方千米，这里富含锰结核，其中的锰含量是陆地的几十倍到

徐芑南畅谈深潜梦

几千倍;西南印度洋的一块硫化物矿区,占地达 1 万平方千米。

中国的"蛟龙"正在游向更加广阔的海域。"我们的潜航员驾驶着我国自主建造的深潜器在大洋深处航行,带回各种矿物资源、前所未见的物种,造福我们的社会和人民。"这个画面徐芑南在脑海里勾勒了无数次。岁月在他的眼神中沉淀了智慧和从容,而他的胸腔里依然跳动着一颗年轻的心,因为他心中有一个永不褪色的梦想。

(顾伟民)

钟南山

敢医敢言的逆行者

"科学只能实事求是,不能明哲保身,否则受害的将是患者。"

钟南山(1936—)

- 中国工程院院士
- 呼吸病学专家,共和国勋章获得者,中国抗击严重急性呼吸综合征(SARS)和新型冠状病毒感染的领军人物,公共卫生事件应急体系建设的重要推动者。

所谓英雄,就是在每个决定性关头都做出了为人类社会所需要之事的人。

2003年,严重急性呼吸综合征(SARS)来势汹汹,人人自危。钟南山喊出:"把重症病人都送到我这里来!"时光荏苒,2020年新型冠状病毒感染疫情暴发后,他又一次挺身而出。他建议人们"没有特殊情况不要去武汉",自己却在当晚坐上了前往武汉的高铁,逆着人潮奔赴抗疫最前线。

起初,社会普遍对这次疫情不够重视,当有专家谈"未发现明确的人传人证据"时,他英勇地站了出来,首度透露有一名患者感染了14名医生。钟南山每一次出现在危机前,都仿佛给社会注入了"镇定剂"。"全国帮忙,武汉是能够过关的。武汉本来就是一个英雄的城市!"面对镜头,钟南山目光坚定,眼含泪水。

立志从医,不轻易言弃

1936年,钟南山出生于江苏南京一个医学世家。父亲钟世藩是美国纽约州立大学的医学博士,也是我国著名的儿科医学专家。母亲廖月琴是广东省肿瘤医院的创始人之一。

钟南山出席医学会议

钟南山从小受父母的影响，耳濡目染，逐渐喜欢上医学，立志成为一名治病救人的医生。这是他至高的理想，也是他毕生的追求。中学老师曾告诉他一句话："人不应该只生活在现实中，还应生活在理想中。"这句话他铭记了一生，也践行了一辈子。

钟南山中学毕业后考入北京医学院（现北京大学医学部）。他尤其爱好体育运动，大学时期参加第一届全国运动会，打破了400米栏的全国纪录，获得冠军。彼时，有一部热映的电影《女篮五号》，故事的原型是以李少芬为主力的女篮团队。体育为媒，后来李少芬成为钟南山的妻子。

1960年，钟南山大学毕业后留校任教。1971年，他调到广州医学院第一附属医院，成为一名急诊室医师。由于缺乏临床工作经验，他在急诊工作中发生了一次严重的误诊。这次失误使他深受打击，好在他身上有一股不服输的韧劲，随之就将挫折转化为前进的动力。

从此，钟南山经常夜里跑到医院心电图室悄悄看书，把不了解的医学理论知识补了回来。他下决心勤学多问，长时间跟踪记录每位患者的病情，仅半年时间就整理了4本笔记，总结出急诊患者的几大致病原因。这样每次出急诊或接急诊，钟南山都能做好相应的准备。在这半年里，钟南山瘦了一圈，但专业能力得到大幅提升，几乎达到了主治医师的水平。

坚持真理，不迷信权威

1979—1981年，钟南山赴英国爱丁堡大学进修。当时，中国的医生资格不被英国承认，钟南山的导师（爱丁堡大学的弗兰里教授）打算将其原本2年的进修时间减到8个月。面对导师的傲慢态度，钟南山暗暗下定决心，要学其所长，充实自己的专业知识。

钟南山崇尚真理，追求实事求是，不畏任何权威。他在爱丁堡大学选择的研究课题是与戒烟有关的，弗兰里教授曾对研究内容进行了计算推导，但钟南山对其结果存在疑问。

为了获取吸烟者体内血红蛋白在不同一氧化碳浓度下的变化数据，钟南山吸入一氧化碳，然后抽血测量血红蛋白的变化情况。（警示：此为特殊科学实验,请读者切勿模仿!)

经过多次的实验验证,钟南山得到了更可靠的数据,证实了导师用公式推导的结论是错误的。弗兰里教授后来将钟南山的研究成果介绍到英国医学委员会并发表。

钟南山凭借勤勉的学术作风、精湛的实践能力和高超的学术水平,赢

钟南山接受采访

得了弗兰里教授的尊重。在爱丁堡大学进修期间,钟南山完成了 7 篇有关呼吸系统疾病研究的学术论文。

在英国的进修结束之后,钟南山拒绝了爱丁堡大学的挽留,于 1981 年回国并担任广州医学院副教授。1996 年,钟南山当选为中国工程院院士。

对于许多人来说,当选院士意味着人生到达了巅峰;而对于钟南山来说,他的人生才刚刚开始。

面对疫情,他只说真话

2003 年 SARS 暴发时,钟南山已是当之无愧的医学权威。历史的重任就这样落在他的肩上,也让全世界人民认识了这位敢医敢言的中国医生。

当时,国内广大民众对疫情缺乏科学认识,社会陷入一片恐慌中。时年 67 岁的钟南山不顾个人名誉的得失,毅然挺身而出,面对未知的挑战。他坚持蹲守在抗击 SARS 第一线,细致观察患者病情变化,并根据情况随时调整治疗方案。

钟南山之所以敢言,源自其对自身专业实力的自信和对疫情的把握。在"衣原体之争"中,钟南山从学生时期就坚持真理、挑战权威的个性表露无遗。当时官方公布衣原体是 SARS 的病源,但钟南山明确提出质疑,认为病源是新

钟南山追求事实，只说真话

病毒。

这不仅关系到诊疗方法的选择，也关系到数千个患者的生命。如果按照当时权威部门公布的治疗方案去诊治，即使错了，钟南山也不用背负任何责任。医者仁心，钟南山后来说："学术上的声音就是真理，就是事实，当我们看到学术事实跟权威公布的不一样时，我们当然首先要尊重事实，而不是尊重权威。"

钟南山站在了权威的对立面。有朋友问他："就不怕判断失误吗？"钟南山平静地说："科学只能实事求是，不能明哲保身，否则受害的将是患者。"他默默承受着巨大的心理压力，几次到父亲墓前静静地坐着。最终，他带领团队摸索出有效的治疗方案。

在抗击SARS过程中，钟南山的贡献不仅仅是找到了一套行之有效的防控方法，挽救了无数人的性命，他更大的贡献是让全国人民看到了希望。他是真相的捍卫者，时时刻刻挺身而出，带领大家战胜这场无硝烟的战役；他运用专业的医学知识，使危机中的人们感到安心。

17年前，SARS暴发，钟南山在广州，奋战在前线；17年后，新型冠状病毒感染来袭，他前往武汉，依旧是奋战在前线。历史仿佛只是换了一个时间、空间。相同的是，钟南山依旧追求事实，只说真话；不同的是，这次他的目光更坚定，言辞中多了自信与把握。

（陈　安　刘梦洁）

管华诗

打造中国的"蓝色药库"

"海洋科技工作者和其他科技工作者一样,有事业心,敢于追梦,敢于担当,在科学道路上勇于探索,不怕艰苦。"

管华诗(1939—)

- 中国工程院院士
- 海洋药物学家,中国现代海洋药物研究的开拓者与奠基人之一。

叩响中国现代海洋药物研发之门

1939年,在山东夏津运河畔,一个农民之家迎来一个可爱的男婴,管氏家族的长辈给他取名为管华诗。"诗"是他在族谱中的字辈,"华"取"复兴中华"之义。降生于乱世,管华诗小小年纪便饱尝饥饿、逃亡之苦,这更激发了他的男儿血性,促使他从小立志报效国家。

1959年,管华诗以优异的成绩被山东海洋学院(今中国海洋大学)录取。开学典礼上,校长曲相升和苏联海洋学家列昂诺夫的演讲对管华诗的内心产生很大震动,激发了他投身祖国海洋事业的斗志。

上中学时,管华诗就对物理、化学、生物这些科目很感兴趣。进入大学后,这些知识在老师的讲述中融会贯通,汇入神秘的海洋。除了书本知识,管华诗还要在实验室里去伪存真,到大海里学驾船、游泳、采集水产。在历练中他明白,只有将书本中高屋建瓴的理论、公式运用到实践中指导生产、解决问题,知识才能转化为生产力。

1964年毕业后,由于成绩优异,管华诗留校任教。当时,为了应对中国的"碘危机",管华诗参加了国家海带提碘新工艺工程化开发工作。1972年,管华诗成功申请了"褐藻胶、甘露醇再利用"研究课题,此课题中研制成功的农业乳化剂等新产品相继投产,相关成果荣获1978年全国科学大会奖。

海带提碘的副产物

我国是碘缺乏比较严重的国家之一。20世纪60年代,为解决全国面临的"碘危机",科研工作者尝试从石油废水、矿山中寻找碘源,但结果都不理想。后来,大家发现海带中碘含量比较高,于是国家组织成立了一个跨专业的海带提碘研究小组,并很快实现了提碘产业化。

但新问题随之而来,从海带中提取碘会产生大量甘露醇和褐藻胶,这成为制约海带提碘产业化发展的瓶颈。能否将这些大量的附带产品再利

> 用呢？管华诗带领课题组克服重重困难，利用甘露醇和褐藻胶制成了石油破乳剂、农业乳化剂、食用乳化增稠剂等多个产品，并成功产业化，这些产品现仍在广泛应用。

之后，褐藻胶再利用的相关课题从农业、工业逐渐延伸到了医学行业。1982年，管华诗带领课题组以褐藻胶为基础原料，成功研制了疗效食品降糖素。他在研究中频繁接触医学知识，和医院的医护人员交流逐渐增多，对血液高黏滞综合征、动脉粥样硬化等心脑血管疾病有了初步了解。除了以褐藻胶为基础原料研制疗效食品，管华诗还应医院请求，研制一种胃肠双重造影硫酸钡制剂，而他科研道路上的重要转折点就发生在这项制剂的研发中。

由于这类制剂黏度大，要想使其均匀地附着在胃肠道上以达到造影效果，就需要找到合适的分散剂。在褐藻胶研究中浸润已久的管华诗首先想到了一种从海藻中提取的多糖类溶质。在研制石油破乳剂时，管华诗曾利用过这种物质的分散性。他抱着试试看的心理往硫酸钡里加了一点，结果黏结现象迅速消失了。

这个意外的发现促使管华诗进一步思考："既然这种多糖类溶质能解决硫酸钡的黏结现象，那它能不能用来解决心脑血管疾病中血液黏度高的问题？能不能对这种高效能的生物活性剂进一步研究，开发出治疗心脑血管疾病的有效药物呢？"中国现代海洋药物研发的大门被这关键的设问叩响了。

构建"蓝色药库"

从研发疗效食品跨越到研发真正的药物，这中间还有许多功课要做：类似的研究有没有人做过？哪些研究成果可以借鉴？这项工作处在什么样的状态？管华诗查阅大量资料，向国内外医学专家请教得知：当时全世界仅有4个海洋药物，将褐藻胶提取物用于治疗心脑血管疾病尚属医学界盲区。

打消了心中的疑问后，管华诗进一步明确研究方向：以褐藻胶为原料，根

管华诗（中）与学生讨论海洋药物研发问题

据分散剂研究的启示，对这种多糖类溶质的分子结构进行修饰，并在药学研究的基础上进行毒理和药效学试验研究，研制出毒性低、药效强的海洋药物。

中国现代海洋药物这个宏大的课题极大地激发了管华诗的科研热情。1985年，用于治疗心脑血管疾病的藻酸双酯钠（PSS）正式通过鉴定并迅速投产，成了民众口中"药效好、价格低"的良药。这也是我国第一个、世界第五个海洋药物。

地球上80％的物种栖息在海洋中，海洋生物不仅种类多样，而且有独特的化学结构和高效的化学活性，很多科学家都认为海洋生物是创新药物研发的重要来源。管华诗也认识到这一点，构建一个"蓝色药库"是他的梦想。因为最初是从海洋多糖溶质入手的，所以构建"海洋糖库"是追梦的第一步。

他带领大批学生投入海洋多糖的研究工作中，继而在山东海洋学院创建了我国第一个以海洋药物为特色的药学本科专业，并逐步形成我国海洋药物领域唯一相对完整的人才培养体系。"选择糖进行研究，是你们不同于他人发展的重要路径，因为糖是生物医药领域一头沉睡的狮子，需要大家去唤醒。"管华诗不断向学生强调海洋多糖研究的潜在价值，推荐优秀的学生去欧洲学习多糖分离技术，他迫切希望更多优秀人才投入"海洋糖库"的建设。

经过长达16年的艰辛实验，管华诗团队在2005年构建了国内外第一个

"海洋糖库"。他们以褐藻胶、卡拉胶、琼胶、壳聚糖四大海洋多糖为原料,制备出了多种高纯度寡糖,其中有70%的化合物属世界首次发现。基于"海洋糖库"的成果,管华诗团队着手研发抗阿尔茨海默病、艾滋病、脑缺血、动脉粥样硬化等疾病的一系列药物,"蓝色药库"的成果不断丰富。

实现"蓝色药库"有序开发

在管华诗看来,"很多好的成果和想法,如果不能转化为产品,不能造福社会,这对我们搞海洋生物医药的人来说,就对不起人们的期待"。通过长期实践,管华诗发现海洋生物医药在科技成果转化上主要存在两大症结:一是学科壁垒制约技术集成,二是制药周期长、投资大,令药企望而却步。化解上述两大症结,需要一个能够整合技术、资本和人才的平台。管华诗以问题为导向,思考着这道难题的答案。

管华诗(左)在糖工程药物实验室

2014年7月,在管华诗的努力下,青岛海洋生物医药研究院宣告成立。这是一个带着书卷气的企业制研究院,在研究院的正门上方写着8个大字"正德惟和,海济苍生"。它的角色就是架起高校院所与企业之间的桥梁,成为海洋生物医药产业新技术、新产品的孵化器。管华诗所带领的科研团队的研究成果基本实现了产业化,取得显著的经济和社会效益,为推动我国海洋生物医药产业跨越式发展做出了重要贡献。

2019年5月,管华诗率领青岛海洋生物医药研究院与青岛本地制药企业合作,致力实现产学研用有机结合,搭建了专注于"蓝色药库"开发利用的新型产学研合作平台。他激动地对媒体记者说:"'蓝色药库'聚集开发模式已经在青岛运作实施,海洋生物医药产业产学研融合发展将步入一个崭新的局面。它不是一个项目,也不是一年两年,而是长期合作的模式,目标是实现'蓝色药库'的有序开发。"这时管华诗已经80岁了,可他的探索热情绝不亚于任何一个年轻人。

"爷爷,您为什么总是这么忙呀?"管华诗的孙女问他。"等你长大就明白了:工作会让人感到很充实;充实了,你就会感到快乐!"管华诗回答说。

(曾　洁)

（本书编写组已尽力与作者联系授权事宜并支付稿酬,请尚未联系上的作者及时与我们联系。）